"기억처럼 살고 있는 아들에게
기본이 안되어 있다고 혼내지 않기,,

무기력하고 무능하다는 소리를 듣지만
잘 버티고 또 견뎌내며 자신의 삶을 찾아나가고자 하는
다수의 아이들과 우리 모두에게 바칩니다.

무기력의 비밀

초판 1쇄 발행 2016년 5월 9일
초판 11쇄 발행 2023년 10월 5일

지은이 김현수

발행인 김병주
기획편집위원회 한민호, 김춘성
마케팅 진영숙
행복한연수원 이종균
에듀니티교육연구소 이문주
디자인 백헌탁

펴낸 곳 (주)에듀니티
도서문의 1644-5798
일원화 구입처 031-407-6368 (주)태양서적
등록 2009년 1월 6일 제300-2011-51호
주소 서울특별시 금천구 가산디지털1로 168, 우림라이온스밸리 A동 1608호

이메일 book@eduniety.net
홈페이지 www.eduniety.net
페이스북 www.facebook.com/eduniety
인스타그램 www.instagram.com/eduniety/
　　　　　　www.instagram.com/eduniety_books/
네이버포스트 post.naver.com/eduniety

ISBN 979-11-6425-143-8 (13370)
값은 뒤표지에 있습니다.

문의하기

투고안내

잠자는 거인, 무기력한 아이들을 깨우는 마음의 심폐소생술!

무기력의 비밀

김현수 지음

옷옷에듀니티

능력에 기초한 사회는 어쩔 수 없이 해체된다.

– 데이비드 흄

하나, 무기력 시스템

무기력한 아이들의 군상

● 5시 30분, 거의 마지막 진료 시간 무렵에 가까스로 도착한 고등학생이 의자에 앉자마자 첫 마디를 던진다. "선생님, 하루 종일 자다 와서 허리 아프니까 진료는 짧게 끝내요."

● 초등학교 6학년 여학생이 등교를 거부하고 방에서 한 발짝도 나오지 않는다는 이유로 부모님 손에 끌려오다시피 왔다. 입을 꾹 다물고 한 마디도 하지 않던 아이가 20여분 만에 이렇게 말했다. "나 안 해, 안 할 거라고!"

● 고등학교 1학년 때 자퇴하고 집에만 있던 아이가 입대 신체검사 통지서를 받고 찾아왔다. 부모님은 무려 3년을 집에서 지낸 아이가 도

저히 군대 생활을 할 수 있을 것 같지 않다며 걱정했다. 아이에게 군대에 대해서 물었다. "아무 생각 없어요."

보는 것만으로 힘든 어른들

생기로 넘쳐야 할 나이에 어울리지 않게 무기력한 상태로 지내는 아이들이 도처에 있다. 많은 부모와 교사가 무기력한 아이들이 넘친다고 호소한다. 정확히 추산할 수는 없지만 그런 아이들이 정말 많이 늘어난 것은 사실이다. 텅 빈 상태로 있는 것 같기도 하고 아무 생각이 없는 것 같기도 하고 마주치면 주로 잠자는 것처럼 보이는 아이들. 바라보는 어른들이 더 힘들다고 난리다. 무기력하고 의욕이 없는 상태로 지내본 경험이 별로 없는 빈곤국이나 개발도상국 시절에 성장한 부모와 교사들 입장에서는 이해하기 어려운 모습일 수도 있다. '아무것도 하고 싶지 않다'느니 '아무 것도 안 할 것'이라느니 '포기했다'느니 더욱이 '아무 생각도 없다'는 말은 기성세대에게는 금기어이다시피 한 말들이다. 그래서 이런 말을 후렴구처럼 달고 사는 요즘 아이들을 보면서 고개를 절레절레 흔드는 어른들이 많다. '어렵지만 해내고야 말겠습니다', '포기하지 않고 도전해서 끝장을 보겠습니다' 이런 말을 듣고 싶은데 말이다. 부모님 손에 이끌려 진료실에 오는 아이들도 당연히 늘었다.

배신은 어른이 먼저 시작했다

"어릴 때는 수영, 축구, 피아노, 영어, 수학 다 시키면서 모든 것을 잘

했으면 하고 바라더니 초등학교 고학년이 되니까 다 필요 없고 영어, 수학만 하라는 거예요. 축구를 잘해서 클럽 대항전에서 우승할 때는 좋아하더니 영어, 수학만 하라니 배신은 엄마 아빠가 먼저 한 거 아닌가요?"

상담했던 초등학생의 말이다. 장래희망이 축구선수인 것을 못마땅하게 여긴 부모와의 다툼 끝에 아이는 무척 실망하고 화가 나 있었으며 학원을 빠지고 있다고 했다. 대단한 비행은 아니지만 나쁜 짓도 저지르고 있다고 했다. 그리고 아이는 '좋아하는 것을 할 수 없으니 자신은 우울하고 무기력하게 지낼 생각'이라고 부모에게 말했다고 한다. 그러면서 "배신은 엄마, 아빠가 먼저 시작한 거 알지?"라고 덧붙였다.

무엇이든 잘하길 바라는 마음으로 이것저것 다른 아이들이 하는 것을 모두 시킨 것은 부모였다. 그런데 학년이 올라가면서 공부에만 집중하길 바라는 것은 많은 대한민국 부모가 보여주는 일반적 행태이다. 아이들은 좋아하는 것을 계속할 수 없다는 현실을 일찌감치 깨닫고 있다.

어른들이 만든 오래된 시스템은 무기력 시스템

아마 경로와 방식은 다르더라도 이런 환경 속에서 일부 아이들은 나이가 들면서 점점 무기력이라는 늪으로 걸어 들어갈 것이다. 이 책에서 무수히 반복해서 나오겠지만 요즘 아이들과 청년들의 무기력은 원인이 아니라 결과다. 더 단도직입적으로 말하면 우리 어른들이 아이들을 무기력하게 만들었다. 독자 분들 가운데 상당수는 '나는 그러지 않았어'

라고 말하고 싶을지 모르지만 우리는 모두 어쩔 수 없는 수동적 동조자다. 물론 나도 포함해서다. 강준만 교수의 책 〈입시전쟁 잔혹사〉를 훑어보아도 이 시스템은 정말 오래되었고 아무리 개선하려고 애써도 잘 되지 않은 채 지금까지 지속되고 있다.

말하기도 부끄럽고 지겹지만 '승자독식'과 '획일성에 따른 평가' 그리고 '끝없는 서열화'가 지금까지 우리가 만들어온 시스템이다. 아마 이런 시스템을 유지해야만 하는 속사정이 있는 사람들과 이를 극복하고 싶어 하는 사람들이 싸워온 역사가 지속된 거겠지만 애석하게도 결과에는 큰 변화가 없다.

우리나라에서는 학교 공부를 잘해서 명문대에 입학한 아이들에게만 기회와 관심, 사랑을 주는 시스템이 아무리 세월이 지나도 변하지 않은 채 이어지고 있다. 아니, 더 가속화화고 심원해졌다고 할 수 있다(경제학자 및 사회학자들은 신자유주의적 경향이 이런 현상의 가속화에 더욱 불을 붙였다고 주장한다). 공부를 잘하는 아이들만 학교 독서실을 이용할 수 있는가 하면 전교 1등부터 50등까지만 햇살이 잘 드는 교실에 앉아 온갖 서비스를 받는 학교도 있다고 한다. 심지어 성적에 따라 급식 순서를 달리하는 학교도 있다고 하니 이 혹독한 차별과 경쟁은 헝거 게임과 다름없는 분위기를 풍긴다.

살아남는 자만이 영광을 차지할 수 있는 시스템에서 그렇지 못한 아이들이 무기력해지는 것은 어쩌면 필연적이다. 이 과정에서 소수의 승자는 승자대로 불행해지고 다수의 패자는 패자이기에 불행해질 수밖에 없다. 특히 대다수가 패자의 위치, 성공의 뒤안길에서 도태당한 느낌에 빠져 지낸다. 어찌 보면 참 식상한 이야기 같지만 그 결과 상당수 아이들과 청년들은 현재 무기력하게 지내고 있다. 우리가 아이들을 성장시키는 지금 사회의 방식은 바로 무기력 시스템이다. 이것이 내가 이 책을 시작하는 첫 번째 화두다.

둘, 무기력에 대한 둔감함

최근에 일어난 아동학대 관련 뉴스를 모두 보고 들었을 것이다. 초등학교 4학년 여자아이가 배가 고파서 배수관을 타고 탈출하다 발견되었고, 자신의 자녀를 살해해서 시신을 유기한 부모도 있다. 그저 끔찍한 일이라는 한마디로 요약하기에는 너무 어처구니가 없다. 어떻게 이런 일들이 벌어지게 되었을까? 굶기고 때리고 시신을 유기하는 사람들의 마음과 정신은 도대체 어떻게 된 것일까? 반사회적 인격장애 또는 사이코패스라는 딱지를 붙여놓고 마음을 놓으면 되는 걸까? 다 같이 진지하게 머리를 맞대고 고민해야 하지 않을까?

이들에게 자식은 무엇이었을까? 게임을 하느라 굶기고 말 안 듣는다고 때리고 아프다고 울어도 그냥 내버려두는 그 마음은 어떻게 해서 생긴 것일까? 이해가 되지 않겠지만 모두 현실에서 버젓이 일어난 일들이다. 우리가 생각하는 것 이상으로 우리 아이들은 곳곳에서 푸대접을 받으며 살고 있는지도 모른다. 그리고 아무리 이런 일들이 벌어져도 우리 사회는 근본적인 대책을 수립하는 일을 하지 않고 있다. 무역 대국이 되어 엄청난 부를 쌓은 나라라고 떠들면서 아이들이 겪는 이런 불행에는 둔감하다. 어떤 이들은 아이들에게 투표권이 없어서 그렇다고 하고 어떤 이들은 극히 일부분만 드러난 것이라고 말하기도 한다.

내 생각은 이렇다. 우리 사회는 아동을 존중하고 보호해야 한다는 의식이 아주 부족할뿐더러 아동의 권리를 무시한다. 오늘날 아동은 소비의 대상이 되고 있을 뿐이다. 부모와 교사의 욕망으로 소비되고 정치가의 선전으로 소비되고 텔레비전 스타에 의해 소비되고 학원의 고객으로 소비되고 게임과 핸드폰 중독자로 소비된다. 이런 일들이 도처에서 일어나고 있으니 우리 사회에서 아이들의 삶이 민감하게 존중받기란 참 어렵다. 한마디로 우리는 아동을 존중하는 일에 매우 둔감하다.

무기력에 대한 이야기를 본격적으로 시작하기에 앞서 내가 하고 싶은 두 번째 화두는 둔감함, 생각 없음, 별로 중요하게 여기지 않음이다. 한 아이가 무기력해졌다는 것은 실로 큰 일이 아닐 수 없다. 아동기와 청소년기 몇 년을 무기력하게 지낸다는 것은 한 아이의 인생에 엄청난 일이 벌어졌다는 뜻이다. 우리는 아이들을 무기력하게 만들거나 혹은 무기력해진 뒤에야 발견하고 그제야 아이들의 아픔, 슬픔, 문제를 알게 된다. 하나의 큰 사건이 아이의 무기력을 초래하기도 하지만 대부분 작은 일들의 반복이 쌓여 무기력해지는 사례가 더 많다. 그런데 우리는 잘 보지도 느끼지도 못한다. 그러다 어느 날 '이 아이가 어쩌다 이렇게 됐지?' 하고 마치 남의 일인 것처럼 객관적으로 묻는다.

민감한 부모나 교사라면 열정, 동기, 흥미를 잃어가는 아이에게 촉수를 세우고 아이를 위한 변화를 함께 모색해가지만 대부분 어른들이 하는 일이란 무기력한 아이를 혼내는 것이다. 이미 무기력해진 아이에게 자신의 끓어오르는 열과 화를 못 참고 실컷 혼을 낸 다음에는 아이를 비난하기 시작한다. 아이들은 이미 무기력해졌기에 아무런 반응을 보이지 않는다. 그러면 어른도 덩달아 무기력해져서 이제 아이를 포기해야 하나 싶어 자포자기하게 된다.

아이들이 무기력해지는 과정에 대한 민감함, 이미 무기력해진 아이들에 대한 세심함, 이런 섬세한 배려 없이는 무기력해지는 아이들을 막을 수도 없고 이미 무기력해진 아이들에 대한 변화를 만들기도 어렵다. 무기력한 아이들이 청년이 되면 무기력한 삶에서 벗어나 자신의 삶을 되찾기 위해 정말로 어려운 과정을 극복해야 한다. 어른들의 둔감함이 변화하지 않는 한 이 악순환은 현재진행중이며 아마 영원히 지속될 것이다.

셋, 무기력은 비명이다

"아무 것도 하고 싶지 않아."

"아무 것도 할 수가 없어."

"다 싫어."

"나 좀 그냥 내버려둬."

이런 이야기를 자녀나 학생들에게 들어본 적이 한 번이라도 있는지? 아니면 가끔씩 툭툭 내던지는지, 그것도 아니면 매일 입에 달고 사는지? 그렇다면 응급 상황이라고 할 수 있다. 이것은 비명이요, 무기력한 아이들의 침묵은 더 큰 마음의 목소리다. 희망 없음hopeless을, 스스로가 스스로에게 도움을 줄 수 없는 상태helpless임을, 자신을 포기하고 싶다는 것을, 알리는 신호다.

그런데 우리는 어떻게 듣고 있나? 불복종으로 들리는가? 게으름을 허락해달라는 투정으로 들리는가? 회피하고 싶다는 비겁함으로 느껴지나? 미쳐서, 제정신이 아니라서 이렇게 말한다고 생각하고 있나? 그럼 숨은 왜 쉬고 먹기는 왜 먹느냐고 할 것인가?

한 아이가 아무것도 하고 싶어 하지 않고 또 하지 않은 채 빈 가방만 매고 왔다 갔다 한다는 것은, 또는 한곳에만 머무르며 갇혀 있으려고 한다는 것은, 지금 그 아이의 마음속 깊은 곳에서는 아주 큰 일이 일어나고 있다는 신호를 보내는 것이다. 우리는 이 신호를 알아차릴 수 있는 어른, 친구, 공동체가 되어야 한다. 아이의 몸은 자고 있는 모습을 보여주지만 아이의 영혼은 소리 없는 비명을 지르고 있는 것이다. 이 소리 없는 비명에 귀 기울일 줄 알아야, 이 소리를 들어야 아이들을 도와줄 수 있다. 단지 잠에서 깨워주는 것만이 부모의 일은 아니다. 영혼을 살리지 않으면 깨어 있어도 살아 있는 시체, 좀비나 다름없다. 시간을 죽이며 자해하는 것과 다르지 않다.

우리 어른들이 아이들의 영혼과 마음을 살펴주어야 다시 파릇파릇

하게 살아날 수 있다. 해리 아폰테Harry J. Aponte의 말처럼 우리는 치료
사가 되어야 한다. 그러지 않으면 아이들의 무기력은 영혼의 빈곤을 낳
고 결국 삶의 빈곤을 만들어낼 것이다.

어른들에게도 '마음의 심폐소생술'이 되어준 책

어느 교육평론가가 강연에서 한 말이 떠오른다. 그는 혁신고등학교를 방문했을 때 수업 시간에 자는 학생이 한 명도 없는 것을 보고 깜짝 놀랐으며 그래서 혁신학교 정책은 성공할 것이라고 확신했다 한다. 그때 청중들은 웃었지만 얼마나 슬프고 아픈 이야기인가?

스스로 아무것도 할 수 없고 하고 싶지도 않은 상태를 일컫는 무기력, 하루가 다르게 몸이 성장하는 아이들이 겪는 '마음의 성장 멈춤'을 목도하는 것은 교육자의 한 사람으로서 참 힘든 일이다. 책상에 엎드려 자고, 게임에 빠지고, 등교를 거부하면서 자신의 삶을 내려놓기까지 아이들은 얼마나 많은 좌절을 겪었을까? 이 책을 읽는 내내 소리 없는 비명으로 자신에게 분노하고 사회에 저항하는 아이들의 마음을 알아차린 저자의 호소가 묵직하게 와 닿았다.

낙오를 경험한 아이들이 무기력해질 수밖에 없는 이유는 어쩔 수 없다며 몰아세우는 치열한 경쟁과 서열화, 획일적인 성공 기준, 성패에 따른 차별이라는 우리 사회와 어른들이 만들어낸 시스템 때문이다. '헬조선'에서 'N포 세대'로 살아가야 하는 젊은이들이 아프지도 못하고 무기력해져야 하는 이 현실을, 또 스스로 도울 수도 기대할 수도 없는 절박한 몸짓을 더는 회피해서는 안 될 것이다.

김현수 선생님이 제시하는 역설과 긍정, 환대와 참여 그리고 존중 전략은 어른들이 아이들에게 어떻게 다가가야 하는지를 알려주고 우리가 조금만 더 정성을 기울인다면 아이들의 닫힌 마음의 빗장을 열 수 있을 것이라는 희망을 갖게 해준다. 많은 분들이 이 책을 통해서 아이들의 무기력에 숨은 좌절과 슬픔을 이해하고 한 명 한 명에게 온전히 정성을 다할 수 있기를 소망한다.

김현수 선생님처럼 무기력한 아이들을 깨우기 위해 그들의 소리에 귀 기울이고 눈 맞추고자 하는 어른들이 있어서 참 다행이다. 이 책은 그런 어른들에게도 '마음의 심폐소생술'이다. 저자가 전해주는 이야기는 그동안 아이들을 상담하고 치유하는 과정에서 경험하고 확인한 진실이기에 아이들의 삶을 걱정하는 어른들에게 귀한 길라잡이가 되어줄 것이다.

학교에 오면 엎드려 자던 학생에게 선생님이 '그래도 네가 가끔이라도 학교에 와줘서 고맙다'고 건네는 진심어린 한마디가 아이의 어둡고 굳은 마음을 움직인 것처럼, 무기력한 아이들을 깨우는 것은 권위가 아닌 따뜻하고 진실한 마음임을 공유했으면 좋겠다.

마음이 아픈 이들을 늘 가까이에서 깊숙이 들여다보고 치유해주기 위해 노력하는 김현수 선생님의 삶을 존경한다. 이번에 또 이 책을 통해서 다시 아이들과 만날 수 있게 해주셔서 고맙다.

최교진 세종특별자치시 교육감

무기력한 아이들에게 빛과 소금처럼…

"엄마가 나 없을 때 내 방에 들어오지 않게 해주시고, 엄마가 시험 기간에 내 방에서 뜨개질하지 않게 해주시고, 엄마가 내게 너 하나 보고 산다고 말하지 않게 해주시고, 무엇보다 엄마가 나를 위해 기도하지 않게 해주세요."

이런 '청소년의 기도'를 읽으며 웃으면서도 서글펐던 기억이 난다. 내 아이를 '이러이러한 사람'이 되게 해달라는 부모의 기도와 헌신적인 삶이 높은 교육열로 나타났고, 유난했던 근현대사의 변곡점마다 치열한 경쟁에서 살아남을 것을 강요한 어른들의 왜곡된 요구가 아마 우리 아이들을 무기력하게 만들었을 것이다. 입시제도가 그렇고, 학교 문화가 그렇고, 입시 학원의 번창과 학벌 위주의 사회, 그에 따른 편견이 그렇다.

좋은 대학과 직업만이 성공이라는 하나의 트랙에 갇혀서 재능이나 적성과는 거리가 먼 삶의 길에서 침묵을 강요당한 아이들은 어른의 기준으로 볼 때는 게으르고 나약하다는 인상을 주기에 충분할 것이다. 이런 따가운 눈총에서 아이들은 심리적 불안정과 자책감과 자괴감에 빠져서 괴로워하거나 극단적인 선택을 하는 경우도 있었다. 그럼에도 어른들은 '다 너희를 위한 일'이라거나 '모두 겪는 일'이라며 아이들의 고통을 외면한 채 여기까지 왔다. 하지만 세상이 변하고 아이들도 변했다. 주요 대학에 진학하는 것이 더는 사회적 성공을 보장하지 않으며 아이들 또한 자신의 뜻과 배치되는 어른들이나 사회의 요구에 침묵하지 않는다.

우리나라 아이들이 성적은 높지만 행복지수가 낮다는 이야기는 이제 진부해서 무감각하게 들릴 정도다. 행복하지 않은 아이가 행복한 어른으로 성장할 리 없다는 것을 알면서도 그동안 우리 사회와 어른들은 아이의 행복에 무감각했다. 그것이 아이들을 집단적 무기력증에 빠지게 했을지도 모른다.

지금 우리에게는 아이들이 행복할 수 있도록, 스스로 신뢰와 높은 기대를 갖고 살아갈 수 있도록 자존감을 높이는 제도적 장치를 만들고, 학교 문화를 바꾸고, 부모와 교사의 역할에 대해 성찰하는 일이 무엇보다 시급하다. 가르침은 요구와 주장이 아니라 삶으로 보여주는 것이라 했으니 지쳐 있는 아이들에게 어른이 먼저 다가가 손 내밀고 말걸며 정성을 다해 그들의 마음을 흔들어놓는 것이 필요하다. 아이들이 진심으로 사랑받고 있다는 느낌을 가질 수 있도록, 학교와 사회에서 자기 목소리를 낼 수 있도록, 각자 가진 재능과 역량으로 도전하고 실패하고 다시 일어설 수 있도록 기회를 만들어주어야 한다.

가장 지혜롭지 못한 부모(교사)는 아이를 자랑거리로 삼으려 한다고 했다. 가장 지혜로운 부모(교사)는 아이를 자랑할 수 있는 부모(교사)가 되는 것이라 했다.

병원에서 많은 아이들을 상담하고, 교사와 부모들을 대상으로 집필 활동과 강연을 하고, 무엇보다 '성장학교 별'에서 아이들과의 삶으로 우리에게 큰 가르침을 나누어주는 김현수 선생님의 삶은 하루하루 무기력에 빠져드는 아이들과 어른들에게 빛과 소금처럼 버팀목이 되어주고 있다. 그래서 고맙다.

이범희 경기도교육청 교원정책과장, 전 용인 흥덕고등학교 교장

Part 1

무기력 시스템 이해하기

Part 2
무기력한 아이들 돕기 - 잠자는 거인을 깨우는 법

Part 1

무기력 시스템
이해하기

자녀, 학생에게 바라는 것이 너무 많은
부모와 선생님은 생각해보아야 한다.
자기증오가 넘쳐나고 있는 것이 아닌지를.
– 마이클 아이건

어쩌다 잠자는 아이가 되었을까?

"죄송해요."

"아이, 씨이~."

"나오지 말까요?"

학교에서 잠자고 있는 아이들을 깨우면 하는 말이다. 아이들이 학교에 와서 자는 것은 어제 오늘 일은 아니다. 변함없이 그렇다는 것이 마음을 착잡하게 한다. 우리는 아이를 깨워서, 일어나게 해서, 무엇을 하자고 한다. 우리는 아이들과 함께 무언가를 하려는 마음으로 가득하다. 어떻게 가르칠까, 무엇을 배우게 할까, 열심히 살지 않는 이유가 뭘까, 어떤 질문을 해야 할까, 어떻게 혼을 내야 할까…. 온갖 고민을 한다. 우리는 채워주려고 안간힘을 쓰는데 아이들은 비어 있으려고 버티는 것 같아서 매일 힘겹게 실랑이를 하며 보낸다.

아이들은 그리 쉽게 열심히 하는 모습을 보여주지 않는다. 건성으로라도 "네" 하고 대답하면 그 순간은 넘어가지만 내일을 걱정하며 또 한숨을 쉴 수밖에 없다. 다 그런 것은 아니지만 학년이 올라갈수록 자는 아이들, 하지 않으려는 아이들이 늘어간다. 마치 마법에라도 걸린 듯이 잠을 자고, 아무것도 하고 싶어 하지 않고, 해도 안 될 것처럼 여긴다.

지금부터 길게 시간을 내어 이런 이야기를 나누어보려고 한다. 잠이 덜 깬 얼굴로 터벅터벅 걸어와서 침묵, 단답형 대답, 짜증 섞인 의무적 답변을 하고는 자신의 운명이 마치 자신에게 있지 않다는 듯 행동하는 아이들의 이야기를 말이다. 요즘에는 '이유 없이 반항하는 청춘'보다 '잠자는 교실의 거인들'이 진료실을 찾는 일이 더 많아졌기 때문이다.

무기력한 아이들과 동행하기 위하여

무슨 일에 '변화'가 있으려면 먼저 '이해'가 필요하다. 특히 심리학의 한 학파인 자기심리학에서는 '이해'와 '설명'이 있어야 '공감'이 가능하고, '공감'이 '변화'를 일으킨다고 했다. 모든 것을 이해한다는 것은 사실 기대일 뿐이고 그래서 착각을 불러일으키기도 하지만 이해와 설명에 근접하려다 보면 무언가가 조금씩이나마 지금까지와는 다르게 보이기 시작할 것이라고 믿는다. 실마리를 찾아가다 보면 운 좋게도 해법을 발견할 수도 있게 된다. 당장 일어날 수 있는 변화, 시간을 들여야만 얻을 수 있는 변화를 가늠하는 법도 알게 되고 역설적인 현상들을 음미하고 추론하면서 깨달음도 얻을 수 있을 것이다.

지금의 부모 세대, 교사 세대는 무기력한 아이들을 이해하기 어려워한다. 그들은 근면을 지상 최고의 미덕으로 여기는 사상을 몸에 익혔고, 또 평생을 공부하거나 일하면서 쉬지 않고 달려왔다. 특히 젊은 부모나 선생님들 가운데는 그 어느 때보다 힘든 관문들을 뚫고 사회에 나온 초고속 성장과 무한경쟁 시대의 승자들이 많다. 그러니 더더욱 지금의 무기력 세대, 잉여 세대, N포 세대라 불리는 청소년과 청년들을 이해하기란 쉽지 않을 것이다. '일신우일신日新又日新'해도 모자라는 세상인데 '일퇴우일퇴日退又日退'하는 꼴을 보는 것만으로 피곤하고 화가 치밀 것이다.

그래서 이해가 쉬운 일이 아니라는 예방주사를 맞고 출발하려 한다. 우리가 눈앞에서 보는 아이들의 무기력함이 형성되어온 과정은 슬픔과 분노, 해리와 분열이다. 이 과정의 결과로서 무기력을, 한심하다거나 개념이 없다고 매도하는 것은 너무 매정한 일이라는 것을 알리고 시작하고 싶다.

01

무기력 상태
이해하기

희망이 붕괴하면 사회 구조도 붕괴한다.

– 해리 아폰테

무기력한 아이들로 넘치는 시대

누구나 한번쯤, 아니 살아가면서 몇 번은 무기력감에 빠져본 경험이 있을 것이다. 아니면 무언가를 포기해본 적이 있을 것이다. 요즘은 연애, 출산, 취업을 포함하여 갖가지 것을 포기하는 'N포 세대'라는 신조어가 생겼다. 불안정한 일자리, 집값, 대학 등록금 등 경제적·사회적 압박이 현재 대한민국의 많은 20, 30대들에게 N포 세대의 길을 선택하게 하고 있다.

연애를 하고 싶어도 하지 못하고 아이를 낳고 싶어도 낳지 못하고 일하고 싶어도 하지 못하는 사회에 분노하던 젊은이들은 이제 자조 섞인 목소리로 스스로를 포기 세대라 지칭한다. 그러나 개개인의 문제로 치부하기에는 너무 많은 젊은이들이 분노한 채 무기력감에 빠져서 헤어나오지 못하고 있다.

그렇다면 청소년들은 어떨까? 자신의 미래가 될 선배 세대의 모습을 보며, 혹은 부모 세대가 살아가는 모습을 보면서 어떤 생각을 할까? 단순히 뭐든지 '하면 된다'고 믿으며 노력하려고 할까, 아니면 '어차피 해도 안 된다' 하고 포기하게 될까.

흔히 부모나 교사가 게으르다, 매사에 관심 없다, 나쁜 아이다, 원래 그런 아이다, 하고 일컫는 아이들도 알고 보면 무언가를 해보았는데 잘 안 돼서 포기하고 무기력해진 아이들일 수 있다. 그리고 이런 아이들과 함께 어른들도 무기력해져가고 있는지 모른다.

그렇다고 앞으로 살아가야 할 날이 창창한 아이들의 잠재성마저 마냥 덮어두고 모른 체하는 것은 어른으로서 도리가 아니다. 겉으로는 무기력해 보여도 그 내면에 '잠자고 있을 거인'을 깨워서 일으키는 것이 나와 우리 어른들이 할 일이 아닐까 하는 생각이 든다. 요즘 세상에 넘쳐나는 무기력한 아이들의 변신을 꾀하기 위해 하나의 프로젝트를 시작해야겠다고 결심한 것은 이 때문이다.

그래서인지 아마 재작년부터일 거라고 기억하는데 ADHD에 대한 강연이 꽤 줄어들었다. 그 전까지는 '산만한 아이들을 어떻게 도울 것인가'에 대한 연수가 꽤 많았던 데 비해서 최근에 교사들이 요청하는 주제 가운데 가장 흔하다고 할까, 원하는 내용이라고 한다면 '무기력한 아이를 어떻게 도울 것인가'에 대한 것이다. 아마 갈수록 학교에 무기력한 아이들이 늘어나고 있기 때문일 것이다.

포기하고 지낸다는 것

어떤 분야든 누군가를 돕는 일은 경험이 없는 사람보다 있는 사람이 더 잘할 수 있다. 무기력한 아이들을 도우려고 할 때도 자신이 무기력하게 지내본 경험이 있어야 이해하기가 훨씬 수월하다. 그런데 여러분은 그런 경험이 있는지, 인생의 여러 시기를 거치면서 한두 번쯤 무기력하게 지내본 적이 있는지? 아마 그렇지 않은 사람은 드물 테지만 그래도 살면서 한 번도 무기력감에 빠져본 적이 없다는 사람도 있을 수는 있다.

혹시 무기력감에 빠져본 경험이 있다면, 아무것도 하고 싶지 않다는 느낌을 강하게 가져본 적이 있다면 그 기간은 길었는지, 별로 길지 않았는지, 아니면 차라리 아무것도 안 하는 것이 하는 것보다 낫다는 느낌이 어떤 것인지 알고는 있는지…. 어느 쪽이 됐든 무언가를 열심히 하는 것보다 아무것도 안 하고 지내는 세상살이가 더 편하다고 말하는 사람에게 심각한 문제가 있다는 것만은 분명하다.

학교에서 무기력한 아이들에게 수식어를 붙일 때, 즉 우리가 지금 무기력한 아이들을 부를 때 '쟤는 무기력해'라는 말과 비슷한 의미로 다른 용어를 붙인다면 바로 의욕이 없는 아이, 게으른 아이, 꿈이 없는 아이, 우울한 아이, 포기한 아이 등일 것이다. 지금 나열한 표현들처럼 무기력한 아이들은 흔히 게으르다는 평가를 받고 또 뭐든지 귀찮아하거나 매사에 관심이 없는 아이로 낙인찍히기 쉽다. 그리고 투철한 의욕을 가지고 열심히 일하는 부모나 교사일수록 이런 아이들을 '나쁜 놈'이라고 생각하는 경향이 강하다. "학교에서 잠만 자고 가다니, 이런 나쁜 놈들이 있어요?" 하고 목소리를 높이는 부모나 교사를 만나는 일은 흔하다. 그런데 이런 아이들을 '원래 그런 아이'라고 단정 짓는 것이 사실은 무기력한 아이를 오해하는 가장 나쁜 방식이다.

세상을 오래 산 사람일수록 무언가를 포기해본 경험이 많은 것은 당연한 일이지만 요즘 젊은이들은 얼마 안 된 나이에도 자주 포기를 경험할 수밖에 없어졌다. 게다가 최근에 신문 등에서 '사토리 세대' 운운하는 것을 들어보았을 것이다. '사토리'는 일본어로 '득도'라는 뜻인데 아이들이 득도를 해서 소비도 안 하고 인간관계도 별로 맺지 않은 채 살아간다는 이야기다. 사토리 세대가 가장 좋아하는 생활 습관 가운데 하나는 산책을 하거나 그냥 걷는 것. 돈이 드니까 딱히 취미를 갖지도 않고 회사에서 승진하라고 해도 굳이 거부하는 것이 특징이라고 한다. 아무튼 사토리 세대 때문에 일본의 내수가 진작되지 않아서 걱정일 정도라고까지 한다.

지금 40대인 사람들만 해도 아직 새마을 정신의 끝자락에 살았던 세대라서 이런 이야기를 하면 이해하기 힘들지도 모르겠다. '하면 된다, 불가능은 없다'라는 구호를 거의 잠재의식 속에 새기고 생활했던 사람들인지라 뭐든 쉽게 포기하는 것처럼 보이는 요즘 아이들이 도무지 납득이 안 갈 수도 있다.

나만 해도 학창 시절에, 심지어 고등학교 때까지 한 반에 70명씩이나 있었는데 '날라리'라 불리던 아이 몇 명을 빼놓고는 설령 반에서 50등을 해도(등수로 말해서 좀 그렇지만) 공부를 아예 포기하고 자기 인생을 즐기면서 살겠다는 아이는 거의 없었다. 그때는 성적이 그 정도 되는 아이들도 어쨌든 해보려고 노력은 했다.

지금 40대가 넘는 교사나 부모도 그런 사회적·문화적 분위기에서 젊은 날을 보냈을 것이기에 무엇이든 간단히 포기하는 것처럼 보이는 요즘 아이들을 받아들이기가 쉽지는 않을 것이다. 한마디로 말해서 그렇게 쉽게 포기하는 사람을 본 적이 없기 때문이다.

그렇다. 요즘 아이들은 포기를 자주, 쉽게 한다. 우리가 다 아는 이야기로 수포자(수학 포기자), 영포자(영어 포기자)가 있고, 중포자(중간고사 포기자), 기포자(기말고사 포기자)를 거쳐서 학포자(학교 포기자)가 나온다. 포기나 무기력하게 지내기는 어떤 의미에서 상처받지 않으려고 하는 행위라고 할 수 있다. 상처받지 않으려고 처음부터 포기하고 포기한 이후에는 회피하거나 도주함으로써 포기를 지속시킨다. 그리고 그렇다는 것을 남들에게 확인시키기 위해 굳이 자신을 무능한 사람으로 인식하도록 계속 무기력한 상태로 지낸다.

그렇다면 무언가를 포기한 사람의 정서 상태는 홀가분할까, 아니면 그래도 포기하기까지 나름 고민하면서 힘들었을까? 한마디로 말해 세상 어떤 사람도 자신의 인생을 그렇게 쉽고 간단하게 포기하지는 않는다. 다만 어른들이 보기에 아이들이 너무 이른 나이에, 너무 가볍게 포기했다는 생각이 드는 것뿐이다. 아이로서도 부모님에게 자식이라곤 자기 하나거나 겨우 둘일 텐데 자신을 포기한 사람으로 보이도록 하는 일이 절대 쉬운 것은 아니다. 수학을 포기하고 '아 신난다, 이제 수학에서 해방이다' 이러는 아이는 하나도 없다. 아이도 너무 화나고 힘들고 괴롭고 슬프지만 어쩔 수 없이 포기라는 길을 선택하는 것이다.

무기력의 개념과 스펙트럼

정신분석가 수잔 캐벌러-애들러Susan Cavaler-Adler는 무기력을 '더 이상 분노할 수 없을 때 보이는 상태'라고 해석했다. 혹은 '더 이상 분노가 소용없다고 생각할 때 사람은 무기력한 채 지내는 것을 선택한다'고 말했다. 즉, 아이들에게 무기력이란 더는 화도 안 내는 상태를 말한다.

가정이나 학교에서 일어나는 무기력 현상들은 이미 잘 알고 있을 것이다. 이를테면 자는 아이를 깨워서 뭘 좀 하자고 하면 하지 않으려 한다거나 못한다고 하거나 싫다고 하는 것. 더러는 '몰라요'만 연발하기도 하고 더 심각한 경우에는 그룹을 이뤄서 하는 모든 활동에 아예 참여를 안 하려고 든다. 자기는 해보지 않았다고 말하는 아이도 있고 다른 걸 하자는 아이도 있다. 무기력한 아이들은 여러 가지 심리 기제(포기, 회피, 무능, 거부)를 동원해서 무기력한 상태로만 지내려고 한다.

무기력의 개념은 그 스펙트럼이 상당히 넓다. 우선 'helplessness'로 번역하는 개념이 있는데 이것은 시도를 하다가 포기한 느낌을 포함한 상태를 말하므로 '무조감'이라고 번역하기도 한다. 무조감은 '스스로가 스스로를 더는 도울 수 없는 상태'를 뜻한다.

의욕이 아예 없는 상태는 'avolition'이라고 한다. 'volition'의 어원은 소망을 나타내는 '기원'에 있는데 여기에 부정을 나타내는 접두어 'a'가 붙어서 의욕이 없는 상태를 뜻한다. 의지라는 영역에서 보면 아주 수동적인 상태부터 뭔가 하는 것을 거부하는 상태까지를 무기력의 개념에 포함한다. 또 자기의 어떤 행동을 선택한다는 영역에서는 우리가 학습 이론에서 말하는 대로 '그냥 이렇게 지낸다'는 조건화한 반응을 비롯해서 '나는 의지를 갖고 이런 상태로 지내기로 결심했다'라는 더 적극적인 지점까지를 포함한다.

오랜 시간 무기력하게 지내다 보니 그것이 습관화돼서 기력이 없는 아이들도 있고 기력은 있는데 그냥 하지 않기로 결정해서 겉으로 보기에 무기력해 보이는 아이들도 있다. 또 동기motivation라는 측면에서 보면 하려는 동기 자체가 아예 없거나 하려는 동기는 있는 것 같은데 할 만한 능력이 안 되는 아이들도 있다. 매뉴얼화한 경험과 조건화한 반응은 거의 동일해서 항상 선생님이 들어오면 엎드려 자고 나가면 깨고 하는 것이 마치 숙련된 노동자가 매뉴얼에 따라서 움직이듯이 한다는 것부터가 사실은 뭘 한다는 것 자체를 몹시 두려워하는 데서 나오는 행위다.

무기력하게 지내는 상태를 지칭하는 다른 말로 'hopeless'가 있는데 '무망감' 정도로 번역할 수 있겠다. 희망이 없는 상태를 말하는데 아론 벡Aron Beck은 사람의 자살에 가장 크게 기여하는 심리 상태로 무망감을 들었다. 사람은 희망이 없으면 무기력해지고 죽음에 대한 생각이 늘기 마련이다.

무기력을 다루는 학자들은 이렇게 무기력한 것은 게으른 것과는 많이 다르다고 분석한다. 마음이 얼어붙어서 무기력한 것부터 의도적으로 하지 않으려는 것까지 현상으로서는 다 똑같이 무기력해 보이지만 그 뿌리는 조금씩 다른 영역에 속해 있다는 것이다. 아이가 지금 당장 무기력하게 지내기로 결정해서 단순히 게으른 것이 아니라 초등학생이든 중학생이든 고등학생이든 아니면 어른이라고 해도 대부분 어떤 시기에 일어난 일의 결과로서 무기력이 나타난다는 것이다.

무기력을 학문적인 개념으로 널리 확산시킨 마틴 셀리그먼Martin Seligman은 '학습된 무기력'이란 용어를 썼는데 원래 개를 대상으로 한 실험에서 도출한 개념이다. 이 실험의 앞부분에서 개는 나쁜 자극에 가만히 있지 않고 어떻게든 헤어나려고 아등바등한다. 그러다 나중에는 아무것도 하지 않는 상태에 머물게 되고 이 상태도 지나면 죽음에 이를 수 있음에도 아무것도 하지 않는다. 여기에서 셀리그먼은 '하다하다 안 되면 결국 안 된다는 것을 학습해서 무기력하게 있게 된다'는 결과를 얻었다. 그는 30대 때 이 개념을 만들어서 일약 유명한 심리학자가 되었는데 현재는 우울증을 설명하는 모델로 널리 활용되고 있다(그의 아버지가 뇌졸중에 걸려서 몸의 한쪽을 못 쓰게 되었는데 재활 치료를 아주 열심히 해서 결국 걸을 수 있게 되었고 이 과정을 통해서 마틴 셀리그먼은 나중에 '학습된 낙관주의'라는 개념을 만들었다. 이것은 '안 되는 것 같아도 열심히 하면 된다는 것을 학습할 수 있다'는 이론으로서 셀리그먼은 이로써 긍정심리학의 대가가 되기도 했다).

사람은 이른 나이에 '아무리 해도 안 된다'는 경험을 반복하면 나중에 자신에게 나쁜 결과가 오거나 손해가 생긴다는 것을 예측할 수 있어도 아무것도 하지 않고 지내게 된다. 중요한 것은 학습된 무기력의 핵심이 오늘 갑자기 하기 싫어져서 무기력해진 것이 아니라는 사실이다. 반드시 그 전에 하려고 각고의 노력을 했던 시절이 있고 그런 시절을 겪었기에 해도 소용이 없다는 것을 깨달아서 그것을 학습한 결과 무기력한 상태로 지내게 되었다는 것이다.

지금 부모나 교사들이 만나고 있는 초등학생, 중학생, 고등학생 가운데 만약 무기력한 채 지내기로 결정한 아이가 있다면 그 아이는 나를 만나서 그때 그 순간부터 무기력해진 것이 아니다. 그 전에 반드시 해보려고 노력했던 세월이 있었다는 것을 반드시 알아주어야 한다. 즉, 무기력은 지금이 아니라 과거에 있었던 일련의 사연들이 쌓여서 만들어진 결과라는 것을 꼭 알고 나서 아이를 대해야 한다.

　아이가 무기력해진 원인이 지금에 있다고 생각하는 것과 지난 세월의 결과라고 생각하는 것은 돕는 사람의 태도에 상당한 차이를 만든다. 아이가 오늘 무기력해졌다고 생각하고 도우려는 사람에게서 흔히 나타나는 반응은 혹시 나 때문에 무기력해졌을지도 모른다고 여겨서 화가 나는 것이다. 그런데 아이가 오늘 학교에 와서 자는 것은 오랜 세월 이런저런 풍파를 겪어서 그런 거라고 생각하면 화가 덜 난다. 이 아이는 도대체 어떤 과정을 거쳐서 여기까지 흘러왔기에 오늘 이렇게 학교에서 푹 자고 가도 문제가 없을 거라고 생각하게 되었을까, 이렇게 바라볼 수 있으니까 당장에 화는 덜 나고 어떻게 도와야 할지 판단할 수 있게 된다.

　무기력은 어떤 지속된 반응의 결과이며 무기력한 상태는 단지 능력이 없다거나 노력을 하지 않는다거나 하는, 능력이나 노력의 부재와는 다른 문제다. 지금 무기력한 아이가 능력이 없어서 그렇다고 생각하는 것은 아이를 돕는 데 아무런 도움이 되지 않고, 또 '노력하지 않아서 그런 거라면 앞으로 노력하면 되겠네'라는 생각도 좋은 결과를 가져다주지 않는다.

🖊 학습된 무기력

'학습된 무기력' 이론은 1975년 셀리그먼이 처음 발표했다. '유기체가 자신의 환경을 통제할 수 없게 되면 그 결과로서 통제하려는 시도를 포기하는 것을 학습한다'는 내용으로, 그는 이 이론을 통해 무기력도 학습된다고 주장했다. 그에 따르면 인간은 자신이 통제할 수 없는 혐오적인 상황에 직면하면 자신의 반응으로 미래의 결과를 통제하지 못할 것이라는 예측, 즉 자신의 반응이 결과에 영향을 미치지 못한다는 데서 무기력이 발생한다고 했다. 이것은 원래 실험실에서 통제 불가능한 전기 충격에 노출된 개가 나타내는 반응을 묘사하기 위해 사용한 개념이었다. 우리에 갇힌 개가 전기 충격을 피할 수 없다는 것을 학습하면 반응 없이 그것을 받아들이게 되고, 나중에는 충격을 피할 수 있는 상황이 되어도 피하려고 하지 않는다는 실험이다.

🖊 셀리그먼 & 마이어의 개 실험

셀리그먼과 마이어는 두 집단의 개를 통해서 학습된 무기력에 대한 고전적인 실험을 했다. 그들은 먼저 구금 장치에 가죽 끈으로 묶여 있는 개에게 강한 전기 충격을 주었다. A집단에 속해 있는 개들은 코 근처에 장착한 판자를 밀어냄으로써 충격이 가해질 때마다 장치를 끌 수 있는 등 어느 정도 환경을 통제할 수 있도록 했다. 반면에 B집단의 개들에게는 그런 통제력을 주지 않아서 충격이 가해지면 도피가 불가능했다. A집단과 B집단의 개들에게 가해진 전기 충격의 횟수와 시간은 정확히 동일했고 A집단 각각의 개에 대응하는 B집단의 개가 있었다. 즉, A집단의 개가 충격 장치를 끌 때마다 B집단의 개에게도 전기 충격이 꺼지는 것이다. 이런 구조는 전기 충격이 A, B집단에 정확히 동일하게 할당되었음을 의미한다. 다른 점은 A집단과 B집단의 개들이 충격에 대응할 수 있는 역할로써 A집단은 어떤 통제를 할 수 있는 반면에 B집단은 참을 수밖에 없었다.

그 뒤 A, B집단의 개들은 왕복회피상자에서 표준적인 회피학습과제를 제시받았다. A집단의 개들은 전기 충격 실험을 받은 경험이 없는 개들과 마찬가지로 빨리 학습을 했다. 초기에는 충격이 시작될 때까지 기다렸다가 장애물을 뛰어넘었으나 나중에는 유예된 시간이 끝나기 전에 장애물을 뛰어넘음으로써 전기 충격을 완전히 피했다. 그러나 전에 구금 장치에서 도피가 불가능한 전기 충격을 받은 B집단의 개들은 전혀 다르게 행동했다. 처음에는 다른 개들과 마찬가지로 미친 듯이 이리저리 뛰어다니거나 으르렁거렸으나 나중에는 훨씬 수동적이 되었다. 그들은 앉아서 끙끙거리거나 충격이 가해지는 것을 단순히 받아들였다. 즉, B집단의 개들은 회피하거나 도피하지 않았고 왕복회피상자에서도 충격을 피하지 않았다. 이전에 도피 가능한 충격을 경험한 개들은 도피를 학습했지만 도피가 불가능한 충격을 받은 개들은 무기력에 빠져서 도피 학습을 할 수 없었던 것이다.

02

원인에 따라 나타나는
무기력 현상

사랑을 주려는 욕구에 굶주려 있는 부모들은 자녀를 이상화한다.
자녀는 부모의 사랑에 의해 자신이 소멸될 것이라는 두려움이 생기고
자신을 보호해야 생존한다.

– 크리스토퍼 볼라스

어느 교사의 사연

제가 학교에 가는 것을 두렵게 만드는 다섯 명의 아이가 있습니다. 그 아이들은 과제를 내주면 약속이라도 한 듯이 해오지 않고 모둠 활동을 시켜도 하지 않습니다. 새로운 것을 시도하려고 하면 호응하지 않거나 싫다는 내색을 심하게 해서 다른 아이들까지 방해하는 게 아닐까 싶어 화가 날 때도 많습니다. 특히 저를 가장 속상하게 만드는 아이는 초등학교 때까지 영재라는 소리를 듣고 자랐다는 똑똑하고 인물도 훤칠한 아이입니다. 집안도 부유해서 학원을 여러 군데 다니고 성적도 좋은 편입니다. 어머니 말씀으로는 중학교에 진학한 뒤부터 갑자기 무기력한 아이로 돌변했다고 하니까 왠지 저를 만나서 변한 것일지도 모른다는 생각에 죄책감이 들기도 합니다. 저는 아무 잘못도 한 게 없는 것 같은데 왜 그러는 걸까요? 어떻게 해야 좋을지 모르겠습니다.

아이들은 어떻게 무기력해질까?

졸거나 자고, 엎드려 있고, 입만 열면 힘들다 괴롭다 하고, 아무것도 하기 싫다는 아이들…. 우리가 매일 만나는 무기력한 아이들은 저마다 무기력해진 사연을 가지고 있다. 과연 어떤 사연들일까? 무기력한 아이를 돕겠다는 마음을 먹었다면 이제 아이들에게 어떤 사연이 있었는지를 듣고 원인을 파악해야 한다.

아이들도 무기력하게 지내는 것을 좋아하지 않는다는 것만은 명백하다. 일단 무기력하게 지내는 것은 생명체의 본성에 맞지 않는 일이라서 아이들의 속내를 잘 들여다보면 정말로 무기력하게 지내고 싶다고 생각하는 아이는 한 명도 없다. 재미있게 지내고 싶은데 그게 안 되니까 그리고 재미있게 지내려고 여러 가지 시도를 해보았는데 실패하는 바람에 다시 하겠다고 호들갑을 떨거나 아등바등하는 것보다 당장은 그냥 있는 것이 더 낫다고 생각해서 선택한 행동일 뿐이다.

앞에서 일본의 사토리 세대 이야기를 했는데 그들도 뭔가를 해보겠다고 나서는 것, 돈을 벌겠다고 취업 준비를 하거나 집을 사겠다고 계획을 세우는 것보다 적게 쓰고, 사람 안 만나고, 일을 안 벌이는 게 더 낫다고 판단해서 그것을 선택한 것뿐이다. 다만 어른들이 이런 아이들과 젊은이들을 가리켜 무기력 세대라고 부르는 것뿐이다.

무기력의 사연

무기력의 원인과 종류를 알려면 먼저 아이가 도대체 언제부터 어떻게 무기력해졌는지, 사연을 알고 분류해보는 과정을 거쳐야 하는데 대부분의 무기력은 만성적인 경향이 있지만 간혹 최근에 무기력해졌다는 아이들이 있다. 그렇다는 것은 최근에 어떤 좌절을 겪었다는 뜻이며 아이를 좌절하게 만든 사건과 강도에 대한 이해가 어른 세대와 요즘 세대에 조금씩 다르게 나타난다는 것을 염두에 두고 이해하려는 노력이 필요하다. 어른들이 그 이유를 잘 받아들이지 못하면 '왜 그 정도의 일로 무기력해졌는지'를 납득하지 못할 수 있기 때문이다.

예전에 우리 세대가 자라던 시절에는, 즉 우리 부모님들이 살아가던 시절에는 웬만한 일로는 좌절하지 않았을 뿐더러 혹시 좌절하더라도 좌절을 하게 만든 사안의 규모가 꽤 컸다. 가령 아버지가 돌아가셨다든지, 하루아침에 집안이 쫄딱 망했다든지, 또는 역사적으로 큰 사건이 일어났다든지 하는 정도로 쉽게 말해서 빅 스트레스, 매크로 스트레스가 있었다. 그리고 인생의 커다란 사건 앞에서 좌절하고 얼마간 무기력하게 지낼 수밖에 없었던 그때의 좌절감과 무기력이 오히려 지금의 나를 만들었다고 생각하면 원인이 된 사건에 공감하기가 훨씬 수월했다.

그런데 요즘 아이들은 별 이유도 없이 갑자기 무기력해지는 것처럼 보인다. 가만히 지켜보면 한 달 내내 그러는 경우도 흔해서 아이를 불러다가 "너 요즘 왜 그러니?", "왜 학교에 와서 잠만 자고 가니?", "왜 아무것도 안 하려고 드니?", "혹시 최근에 무슨 일 있었니?" 하는 식으로 물은 뒤에 아이의 이야기를 다 듣고 나서도 납득이 잘 안 가는 일이 허다하다. 어른 입장에서는 '아니, 고작 그 정도 가지고?' 하는 생각이 드는 것이다.

그런데 가령 중학생 아이가 연애하다가 차여서 아무것도 하고 싶지 않다고 한다면 이것은 아이를 무기력하게 만들 수 있는 인생의 중요한 사건에 포함될까, 안 될까? 혹은 중간고사에서 성적이 잘 나오면 엄마가 핸드폰을 바꿔주기로 했는데 성적이 올랐는데도 핸드폰을 바꿔주지 않아서 뭔가를 하고 싶은 의욕이 생기지 않는다고 한다면 핸드폰을 새로 사주지 않은 것은 아이에게 중요한 일일까, 그렇지 않을까?

이 두 가지 예에서 아이가 그럴 수 있다고 수긍하는 사람이라면 요즘 아이들의 무기력을 조금은 이해하고 있다고 할 수 있다. 요즘 아이들에게 생기는 빅 스트레스는 어른들이 보기에는 마이너스 스트레스 정도에 해당하는 사소한 것들인 경우가 많기 때문이다.

가령 자기가 좋아하는 아이돌 가수가 텔레비전 음악 프로그램에서 5주 동안 1위를 차지하다가 순위권 바깥으로 밀렸다면 초등학교 6학년에서 중학교 1, 2학년 여자아이들 사이에서는 이것 때문에 다른 일은 아무것도 하기 싫어질 수 있다. 좋아하는 가수의 순위를 올리기 위해서 하루 종일 관련 사이트에 들어가 클릭만 하고 싶다는 생각이 강하게 들 수 있다. 가난해서 먹고살기 힘든 개발도상국 시절이라는 빅 스트레스를 거친 어른 세대는 개발 이후의 세대, 지금과 같은 풍요로운 사회를 태어날 때부터 배경으로 살고 있는 아이들이 느끼는 좌절과 불만을 이해하기에는 사회적 맥락 자체가 달라졌다고 보아야 한다.

"제가 엄청 좋아하는 선생님이 있는데 지난 수업 시간에 절 쳐다보지도 않는 거예요. 그런데 그때만이 아니고 그다음 시간에도 눈길을 안 주잖아요. 제가 찾아가서 말을 걸려고 했더니 바쁘다며 다음에 이야기하자고, 세 번이나 그랬다니까요. 선생님이 절 버렸어요. 그 수업은 이제 듣고 싶지도 않다는 생각뿐인데, 그래도 안 달래줘요."

이 일로 아이가 한 달을 내리 고민하다가 이제 수업 시간에 아예 엎드려서 일어날 생각을 않는다면 어떤가? 있을 법한 일이라고 생각할 수는 있지만 사실 순순히 그럴 수도 있다고 받아들이기에는 왠지 모를 저항감이 생길 것이다.

그런가 하면 애완견이 죽었다고 학교에 못 가겠다는 아이를 상담한 적도 있다. 아이 엄마가 왜 학교를 안 가냐고 묻자 '예전에 할머니 할아버지 돌아가셨을 때도 3일 동안 학교에 안 갔는데 우리가 10년이나 키운 개가 죽었는데 어떻게 가냐, 슬퍼서 못 간다'고 하더란다. 그리고 당분간 아무것도 하고 싶지 않으니까 그냥 내버려두라고 했다는 것이다.

시대의 변화에 따라서 아이들이 느끼는 좌절감의 패러다임은 예전과 크게 달라졌다. 부모나 교사 세대가 자라던 시절에는 정말 사소하고 비주류였던 일들이 요즘 아이들에게는 큰 스트레스로 다가와서 감당하기 힘든 경험이 되곤 한다. 이렇게 어른들이 보기에는 별것 아닌 일, 자기 주변에서 벌어지는 아주 사소한 일들로 아이들은 무기력한 상태에 빠질 수 있다.

원인과 시기에 따른 무기력

만성 무기력은 아주 어렸을 때부터 부모가 잘 돌봐주지 않거나 충분한 돌봄을 받지 못해서 생기기 쉬우며 흔히 표정이 별로 없거나 매사에 관심이 없는 아이들에게서 나타난다. 이런 아이들은 중간에 특별한 계기가 없으면 그대로 성장하면서 오랜 기간 무기력하게 생활하게 될 가능성이 높다. 어떻게 보면 오래된 좌절과 박탈로 인한 결과로써 생성

된 무기력이라고 할 수 있다.

같은 좌절감에서 비롯한 무기력이라도 원인을 지각하는 데 조금 차이가 있는 노력 무기력은 성취의 기준을 어떻게 설정했느냐에 따라 다르겠지만 하나같이 목표가 너무 높아서 노력하는 것이 힘들다거나 노력해도 안 된다고 생각하는 아이들에게서 보이는 현상이다.

상담자 가운데 공부로는 전망이 안 보인다고 판단해서인지 어느 날 텔레비전으로 동계 올림픽을 보다가 스케이트를 하겠다고 나선 아이가 있었다. 스케이트를 하면 왠지 잘할 수 있을 것 같다고 하니까 부모님은 덜컥 비싼 스케이트를 사주었고 스케이트장에 가서 몇 번 연습을 했다. 그런데 조금만 하면 자기도 김연아 선수처럼 될 줄 알았던 아이가 현실이 전혀 그렇지 않다는 것을 알고는 좌절했다고 한다.

아이들은 조금만 하면 당장 뭐가 될 것처럼 생각하거나 자기가 하면 얼른 좋은 결과가 나와야 한다고 조급해하는 경향이 강하다. 이렇게 된 데에는 여러 가지 이유가 있겠지만 아마 잘하는 아이들만 인정해주는 사회적 분위기가 가장 큰 영향을 미치지 않았을까 싶고, 지난한 과정을 압축해서 보여주는 영화나 드라마를 너무 많이 보아서 그런 게 아닌가 싶기도 하다.

〈아이들이 달라졌어요〉 같은 텔레비전 프로그램만 해도 그렇다. 이 방송을 내보내기까지는 하나의 사례에 수많은 제작진이 참여해서 최소한 3~6개월은 촬영했을 것이다. 그런데 시청자들은 고작 1시간 동안 보여주는 방송을 보고는 '어, 이렇게 하니까 달라지네, 저렇게 하니까 달라지네' 하면서 텔레비전에서 하는 대로 적용하면 당장 변화가 일어날 것이라고 착각한다. 일정한 수준의 성취에 이르기까지 필요한 온갖 과정을 생략한 채 결과만 중심에 놓고 보니까 조금만 하면 어떤 목표에 금방 도달할 수 있을 것 같다는 생각이 드는 것이다. 그리고 조금 노력해보고 안 되면 노력이란 어려운 것이라는 인식을 가지게 된다. 물론 그런 마음의 밑바탕에는 좋은 결과를 얻고 싶어 하는 기대감과 그렇지 못했을 때 받을 실망감에 대한 두려움이 있을 것이다.

어떤 아이들은 자신에게 능력이 없다고 생각해서 노력하지 않으려고도 한다. 텔레비전이나 자녀 교육서 등을 통해서 아이에게 지나치게 능력을 강조하거나 칭찬하지 말라는 이야기는 많이 들었을 것이다. 심리학자 캐롤 드웩Carol Dweck의 주장대로 '자녀에게 능력을 칭찬하는 것은 도움이 되지 않는다.' 능력이 없다는 것은 사실 살아야 되나 말아야 되나 존재 자체를 걱정하게 만드는 원초적인 일이기 때문이다.

결과와 평가에 대한 두려움

지금 이 아이가 무기력한 것은 도대체 어디에서 기인했을까? 노력을 하지 않아서인가, 아니면 능력이 없어서인가. 앞에서 아이들 가운데는 '의도적으로 무능함 내보이기'를 하려고 무기력하게 지내는 경우가 있다고 했는데 '능력이 있음에도 일부러 안 하려고 하는 아이들'이 여기에 해당한다. 일부러 안 하려 드는 아이들도 사실은 결과와 평가에 대한 걱정 때문에 그러는 것이라서 학교에서는 하지 않지만 정말로 할 줄 몰라서 그러는 것은 아니다. 어머니들과 상담을 하다 보면 '집에서는 잘하는데 학교 가서는 안 하는 것 같다'고 말하는데 "너, 엄마 앞에서는 하면서 왜 다른 사람들 앞에서는 안 해?"라고 물으면 "엄마는 엄마니까 괜찮지만 다른 사람들은 괜찮지 않아요"라는 대답이 돌아온다. 결국 평가나 결과에 대한 공포가 아이를 두렵게 만든다는 것을 알 수 있다.

사실 학교생활을 하다 보면 더러 무기력한 척하는 게 더 나을 때도 있다. 요즘 아이들의 문화에서는 뭔가를 너무 열심히 하면 "쟤, 왜 저래? 왜 튀려고 난리야?"라는 말을 듣기 십상이고 학급 전체의 분위기도 뭘 좀 하려고 들면 오히려 비난받는 일이 자주 있기 때문이다. 이런 분위기를 파악한 아이들은 거의 자동적으로 뭘 하려고 들지 않는 반응을 보인다.

경험적 측면에서는 과잉보호를 받고 자란 아이들이 시간이 지날수록 무기력한 모습을 보이는 경향이 있다. 과잉보호란 아이가 할 일을 누가 대신해준다는 거니까 대신해줄 사람이 없을 때 "난 못할 것 같아요" 하는 아이들이 생기는 것이다. 이런 아이들은 처음부터 끝까지 다 가르쳐주고 혼내지 않기로 약속하고 나서 하면 잘하지만 그냥 해보라고 하면 아예 안 하려 든다. 과잉보호를 받은 아이일수록 "지금까지는 이렇게 해왔는데 앞으로는 너에게 자유를 줄 테니까 하고 싶은 대로 해봐. 네가 하고 싶은 대로 하는 거야"라고 말하면 오히려 어떻게 해야 할지 몰라서 허둥거린다. 자유가 불편하고 선생님이 시키는 대로 하는 게 더 편하기 때문이다.

군대에 갔다 온 젊은이들 중에서도 대학 생활보다 군대 생활이 훨씬 쉬웠다는 사람이 있다. 왜 그러냐고 물어봤더니 '군대에서는 시키는 대로만 하면 되는데 학교에는 알아서 해야 할 일이 너무 많아서 어떻게 해야 할지 모르겠다'는 대답이 돌아왔다. 내가 알아서 해야 될 일이 너무 많아서 그 생활을 어떻게 해야 될지 도무지 모르겠다며 누가 도와줄 때까지 기다리는 것이다. 수강 신청도 엄마랑 같이 하고, 엄마가 이 과목에서 점수를 잘 따는 게 취업에 도움 된다고 하면 그 과목을 신청하고, 이런 과목은 들어도 장래에 도움이 안 된다고 하면 패스하고… 어떤 틀을 구조화시켜주지 않으면 무언가를 할 수 없는 상태로 지내는 아이들은 과잉보호의 결과로서 일종의 무기력을 견디며 살고 있다.

또 다른 분류로는 정서적 측면에서 아이를 지배하는 가장 중요한 감정이 우울감인 아이들이 있다. 아니면 우울하지는 않은데 불안해하는 아이들이 있다. 우울한 아이들은 만성 무기력과 비슷해서 생각보다 어른들이 이해하기가 어렵다. 가령 고등학교 1학년짜리 남자아이와 나눈 대화 사례를 보자. 이런 대화조차 상담 초기에는 나누기 힘들고 어느 정도 시간이 지나야 가능하다.

"너 왜 맨날 그렇게 지내니?"

"선생님, 저한테는 힘이 없어요."

"그게 무슨 소리야? 주변에 널 응원하고 돕겠다는 사람도 많고 네가 한다고만 하면 지지해줄 텐데, 왜 그래?"

"저한테는 할 만한 힘이 없다니까요."

"할 만한 힘이 없다는 게 무슨 소리야? 뭐, 영양실조에라도 걸렸어?"

"저는 지금 인생을 살아갈 힘이 없다고요."

이 말은 살아갈 힘, 인생을 헤쳐나갈 힘이 없다는 뜻이다. 도대체 상황과 현실이 어떻기에 고등학교 1학년짜리가 살아갈 힘이 없다고 말하는 걸까? 그런데 우울감에 빠진 만성적 무기력 아이들에게서는 이런 감정이 흔하게 나타나고 대체로 결과에 대한 공포 때문에 아무것도 하지 않고 지내기로 결정하는 경우가 많다. 이런 아이들은 백이면 백, 했는데 잘못해서 혼나는 것과 끝까지 안 하겠다고 하다가 혼나는 것 가운데 후자가 상처를 덜 받는다고 말한다.

차라리 안 하고서 혼나는 게 상처를 덜 받는다니 얼마나 가여운 일인가. "오늘 내가 왜 선생님한테 안 한다고 했다가 혼난 줄 알아? 그건 내가 기분이 나빠서 안 하기로 했기 때문이야.""오늘 내가 혼난 이유는 내가 못했기 때문이야." 두 가지 이유 가운데 아이들은 후자, 하고도 잘 못해서 혼나는 것을 더 두려워한다는 뜻이다. 즉, 무기력한 아이들은 대체로 "선생님, 저 못해요"보다 "전에 해봤는데 지금은 하기 싫어서 안 할래요"를 선택한다.

다 같은 무기력이라고 해도 아이들이 지닌 근본적인 원인에 따라 문제도 나타나는 현상도 조금씩 다르다. 따라서 아이가 무기력해진 사연을 잘 듣고 원인이나 과정이 어땠는지를 파악하고 나서 어떤 아이는 계단을 놓아주거나 힘을 실어줌으로써, 또 어떤 아이는 평가하지 않는 방식이나 평가에서 제외하는 방식을 적용해서 불안을 이겨내고 앞으로 나아갈 수 있도록 도와야 한다.

03

관점의 전환,
무기력의 숨은 의미

살아 있다는 느낌을 선하게 가질 수 있도록 돕는 것은 쉬운 일이 아니다.
아이들은 살아 있다는 것이 주변에 얼마나 해를 미치는가에 대해
더 많이 생각하도록 경험했다.

– 마이클 아이건

관점의 전환 ① : 무기력은 결과다(인과론적 관점)

오늘 무기력한 아이들은 오늘의 일로 무기력해진 것이 아니다. 오늘이 주는 급성적인 충격으로 갑자기 무기력해진 것이 아니라 제각각의 사연에 따라 오랜 시간에 걸친 결과로서 오늘의 무기력을 보이는 것이다. 그것이 단지 무기력인지, 무능함을 보여주려고 하는 것인지, 상처받고 신음하는 것인지, 얼어붙어 있는 것인지, 지금 하는 것은 싫지만 달리 하고 싶은 것이 있는지, 너무 지쳐버린 상태인 것은 아닌지 자세히 살펴보지 않으면 알 수가 없다. 그러므로 우리는 깊이 보아야 한다.

아이들은 오랜 시간에 걸쳐 무기력에 도달한다. 유치원 시절에 있었던 일로 혹은 초등학교, 중학교, 아니면 고등학교에 진학하면서 생긴 일일 수도 있다. 아이들의 무기력은 어떤 시간의 과정을 겪어서 나타난 일이라고 할 수 있다.

성장과 성취를 본질적인 활동으로 내재하고 있는 생명체인 아동과 청소년이 '아무것도 하지 않기로 한다', '학교에 가서 자다 오기로 한다'는 이상한 결정을 정상적으로 내리고 행동한다는 것은 있을 수 없는 일이다. 반드시 '무슨 일'이 있었던 것이다. 우리는 그 '무슨 일'이 작동한 기제를 정확히 알아야만 '하지 않음'을 '하기로 함'으로 변화시킬 수 있다. 특히 14세에서 19세 사이의 뜨거운 피가 차갑게 식었다면 그것은 큰 충격을 불러오는 폭력, 학대, 재난 같은 급성 충격이 아닌 바에야 어떤 시스템이 작동하는 과정에서 장시간을 두고 빚어낸 결과일 수밖에 없음을 알아야 한다.

가정에서, 학교에서, 또래들 사이에서, 사회적 영향으로 무기력한 상태에 이른 아이들에게 예수님의 기적처럼 "당장 일어나 걸어!" 이렇게 말한다고 해서 벌떡 일어난다거나 차갑게 식었던 심장이 뜨겁게 뛰지는 않는다. 결과로서 나타난 무기력을 이해하지 못하고 조바심을 내면 우리는 아무 변화도 만들어내지 못한다. 조바심은 무기력한 아이들에게 채찍이 되어 더 무기력한 상태를 만들고 말 것이다. 그러므로 우리는 차분한 마음으로 심사숙고하면서 무기력해질 수밖에 없었던 과정을 이해하기 위한 마음의 준비를 해야 한다.

관점의 전환 ② : 한 아이의 무기력은 한 세계의 닫힘이다
(정신분석적 관점)

'잠자는 숲속의 공주'에 등장하는 저주는 무려 100년이나 공주를 잠에 빠지게 할 만큼 무서웠다. 16세 오로라 공주가 잠들었다 깨어난 사이에 성과 마을도 폐허처럼 정지되어 있었다. 한 아이가 무기력해져서 잠에 빠져 지내고 있다면 그 아이의 영혼은 죽음과 같은 상태, 즉 정지된 상태다. 그래서 한 아이의 무기력은 한 세계의 닫힘이기도 한다. 마치 마법의 저주에 빠져버린 오로라 공주의 마을처럼 말이다.

아이는 물론이고 집과 교실까지 폐허가 되어버리기도 한다. 실제로 무기력한 아이를 구제한다는 명분 아래 부모들끼리 싸우고 가족 전체가 위기에 빠지는 일, 잠자는 아이들로 인해 죽은 듯이 조용해진 교실은 드물지 않다. 닫힌 세계가 걷히고 잠에서 깨어난 아이들이 나중에 하는 말이 있다. '아무것도 기억나지 않는다', '그 시기와 관련한 추억이 하나도 없다', '맹물처럼 산 것 같다', '공부 코스프레를 하다가 끝났다', '왔다 갔다 하다가 볼 일 다 본 것 같다', '내가 누구인지, 뭘 해야 할지 지금도 잘 모르겠다.'

마이클 아이건Michael Eigen은 정신적으로 기능하지 않고 좀비처럼 지내는 환자들에 대한 분석에서 '정신적 죽음psychic deadness'이라는 용어를 썼는데 그저 시간을 죽이면서 버티고 있는 무기력한 아이들도 이와 유사한 상태에 있는 셈이다. 주체가 빠진 삶, 내용이 없는 삶, 다른 사람이 시키는 대로 하는 삶, 기계처럼 움직이는 삶을 살아내고 있기 때문이다. 부분적으로 죽고 부분적으로 살아가는 아이들, 세상과 닿아 있는 부분은 죽여 놓고 내적 공상만 부여잡고 살아가는 아이들도 마찬가지다.

이들의 공통점은 '감각의 상실', 그 가운데서도 핵심은 '통증의 상실'이다. 살아 있으면 통증이 너무 심하니까 통증을 느끼는 감각을 죽여 놓는 것이다. 그러려면 마음이나 정신을 죽여야 하는데 마음과 정신의 죽음을 대신할 수 있는 것은 깊은 잠, 잠과 비슷한 상태인 게임이나 텔레비전, 이와 유사한 뭔가에 빠지는 행위들이다.

또 죽어 있는 상태와 유사한 방식으로 택하는 것이 해리된 생활이다. 수업 시간에는 죽어 있고 쉬는 시간에는 깨어 있기, 요구하는 어른들 앞에서는 죽어 있기, 이해하는 친구들 앞에서는 살아 있기, 강요받은 일 앞에서는 무능함 보이기, 좋아하는 일 앞에서는 미치도록 폭발하기, 숨기기와 보이기, 온오프를 반복하는 이중생활로 진자처럼 죽음과 삶을 왔다 갔다 하면서 지내게 된다.

무기력한 삶, 정지된 삶에서 회복하는 데에도 골든타임이 있다. 골든타임은 물론 '가급적 빨리'다. 그렇다고 해서 수술로 혹을 떼어내듯이 무기력을 딱 떼어낼 수는 없다. 빨리 파악해서 개입해야 하지만 결과는 서서히 나타나기에 여기에 큰 어려움이 있다.

확장과 팽창을 거듭하는 몸과 마음을 가진 청소년기는 무엇이든 성인기와는 다르고 청소년기에 찾아오는 무기력 또한 성인과는 비교가 안 된다. 청소년기의 뇌와 심장은 미래를 품도록 고안되어 있어서 이 시기에 앞으로의 삶을 준비하도록 집중되어 있다. 그런데 아무런 준비가 되어 있지 않다면 의복도 장비도 없이 벌거벗은 상태로 불속(어른의 삶)에 뛰어드는 것이나 마찬가지다. 그래서 교육자와 의사들이 유난을 떠는 것이며 이 시기의 변화가 얼마나 중요한지에 대해 말해주는 증거들 또한 많이 쌓여 있다.

십대를 대부분 무기력하게 지낸 결과 죽음의 세월을 보낸 뒤에 남는 것은 맹물, 비어 있음, 생략, 폐허다. 정체성, 주체성, 일과 사랑, 직업, 이런 문제들을 해결하기에는 역부족인 상태에서 커진 덩치도 감당해야 하고 비싸진 입장료와 온갖 비용을 지불해야 한다.

열정이 싸늘히 식은 정지된 심장을 갖고 살아가는 아이들에게 우리가 할 수 있는 심폐소생술은 '열심히 해라', '꿈을 가져라', '나처럼 해봐라'가 아닌 다른 것이어야만 한다.

관점의 전환 ③ : 무기력은 슬픈 협력이다(관계론적 관점)

한 아이가 말했다. '자더라도 학교에 가는 것은 부모님을 위한 최선의 효도'라고. '고등학교는 졸업해야 한다는 부모님의 마음에 대못을 박고 싶지는 않아서 학교에 가기는 간다'고.

또 다른 아이가 말했다. "제가 할 수 있는 최고의 협력은 학교든 학원이든 엄마가 가라는 데 가서 있는 거예요. 잠만 자다가 온다고 해도 말이에요. 이게 제가 할 수 있는 최선이에요."

아이가 '협력'이라는 꽤 괜찮은(?) 단어를 골랐지만 표정은 매우 씁쓸하고 슬퍼 보였다. 무기력하게라도 지내면서 버티는 것은 아이들의 슬픈 협력이었다. 그렇지 않으면 튕겨져 나가거나 떠나야 되는데 차마 그것은 못 하겠으니까 그냥 죽은 듯이 있어주는 것이다.

아이와의 대화 내용을 잠깐 소개해본다.

"자신을 위한 것이 아니라는 의미로 말하는 거니? 너 스스로에게는 어떤 협력을 하는데?"

"하나밖에 없는 자식인데 어떻게 저만을 위해서 살아요. 그래도 그냥 버티는 게 어딘데요. 전에 안 한다고도 해보고, 집도 나가 보고 했는데 엄마랑 아빠가 너무 힘들어하신다는 걸 알았어요."

"그래도 시간도 그렇고 너무 본인에게 안타까운 일 아냐, 이렇게 무기력하게 시간을 죽이듯이 지내는 건?"

"할 수 없지요. 그래서 최대한 아무 생각 안 하려고 해요. 생각하면 골치 아프고 또 생각한다고 해서 뭐 확실한 게 나오지도 않아요. 진료 오는 것도 엄마가 오자고 해서 오는 거고, 학교에서 빨리 나와서 좋아요."

"그렇구나."

"학교 선생님들이 사정도 모르고 너무 다그치면 힘들어요. 무슨 소리인지도 모르는데 수업을 들으려면 얼마나 힘든데. 어차피 깨어 있어도, 자고 있어도 수업을 안 듣는 것은 똑같은데. 그리고 지금 열심히 해서 뭐가 되겠어요, 더 피곤해지기만 하지. 아무 생각, 아무 느낌 없는 것이 편해요."

이런 대화가 오갈 때 무엇을 해야만 한다는 것을 말하는 것이 별 의미가 없다는 것을 오래 전에 깨달았다. 아이에게 '최소한 ○○는 해야 하고, 그래도 ○○은 해야 한다'는 말은 이미 수많은 어른에게 들어온 잡음 가운데 하나로 분류되어 있을 터이다.

아이들이 그래도 어딘가에 나가서 멍 때리고 있는 것도, 자고 있는 것도, 한편으로는 그들의 노력이고 협력이며 어른들을 위한 최선의 노력이기도 하다는 것을 알아줄 필요가 있다. 물론 기쁘고 즐겁고 희망찬 협력은 아니지만 우리는 아이들의 무기력을 이런 관점에서도 이해할 필요가 있다.

관점의 전환 ④ : 무기력은 절망이자 자기학대다(내면적 관점)

무기력하게 지내는 아이들의 내면 풍경은 온통 스산한 회색이다. 생각이 많지만 잘 정리되지 않고 정리되지 않은 생각을 정리하려다가 멈추기 일쑤라서 미흡한 생각들이 그저 깔려 있을 뿐이다. 그런 자신의 내면을 들여다보면서 생기는 일차적 감정은 자신에 대한 미움이요, 어느덧 부모의 기대와 사랑에서 멀어졌다는 외로움이다. 꽤 오랫동안 상담을 하면서 마음이 조금 가까워진 아이에게 물어보았다.

"이렇게 지내는 시간이 길어지다 보니 네가 네 자신을 포기하지는 않았는지 주변에서 걱정할 것 같은데?"

"그렇게 보일 수도 있겠지요. 하지만 포기란 말을 쓰고 싶지는 않은데요."

"그럼 이렇게 지내는 것을 어떻게 이해해야 할지 모르겠는데…."

"아, 그냥 제가 너무 싫어요. 뭘 해도 싫고, 또 그냥 이렇게 무기력하게 지내는 것도 싫어요."

"그렇구나. 하지만 네가 하는 행동을 보면 사람들이 네가 이렇게 힘들어한다는 걸 모를 수도 있을 것 같아."

"사람들한테 감정을 보이는 것도 너무 싫어요. 그냥 내가 싫을 뿐이에요. 그래서 뭘 할 수도 없어요. 내가 밉고, 내가 쓸모없게 느껴지고, 그냥 이렇게 지내다가 어떻게 되겠지 하는 생각인데…. 그렇다고 이게 포기는 아닌데…. 일단 그냥 잠만 자고 싶을 때가 많아요."

"너한테는 너 자신을 긍정하고 사랑하는 일이 필요한 것 같아."

"하지만 그건 너무 어려운 일이에요. 지금까지 내가 지내온 걸 보면 나를 좋아할 수 있을 것 같지 않으니까요."

모처럼 아이가 진지하게 토해낸 자신의 내면이었다. 면담을 하는 내

내 아이는 자신이 자신을 싫어할 수밖에 없는 수많은 증거들을 제시하려고 애썼다. 부모가 아이에게 화가 났을 때 퍼부은 말들, 학교에서 선생님이 아이에게 실망해서 던진 말들을 고스란히 간직하고 있었다. 벌레, 쓰레기, 배신감, 쓸모없음, 가치 없음이라는 딱지를 스스로에게 붙여놓고 있었다. 그런 자신에게 할 수 있는 것은 부모님이나 선생님들이 미워했던 것보다 더 자신을 미워하면서 무기력하게 지내는 것이라고 했다. 무언가를 다시 하려면 스스로를 사랑해야 하는데 사랑할 만한 이유를 찾지 못하겠다고 했다. 한마디로 극심한 자기혐오, 자기애에 항복하고 있는 상태였다.

이런 상황에서 아이에게 그렇게 생각하면 안 되는 이유를 제시하고 인간이 자신과 타인을 사랑하는 것에 대하여, 또 부모와 자녀 사이의 사랑의 본질에 대하여 설교하는 것은 별 의미가 없다. 자기혐오의 자리에는 깊은 절망이 채워져 있기 때문이다. 해봤는데 기대에 못 미친 경험, 해봤는데 실망스런 결과, 열심히 해본 적도 있는데 도달하지 못한 목표 그리고 돌아온 싸늘한 시선과 사랑받지 못할 거라는 두려움에 휩싸였던 기억들….

절망의 자리를 희망의 자리로 대체하기 위해서는 엄청난 노력이 필요하다. 특히 자신에 대한 관점을 다시 정립하고 자신을 수용하는 과정이 필요하다. 그런데 아이들 스스로 그 계기를 만들기는 힘들다. 부모, 학교, 사회의 관점 변화와 가치 변화 그리고 수용이 선행되어야 한다. 아이들이 아무리 역경을 극복할 각오를 다졌다 할지라도 충분히 훈련

되고 면역된 자신의 내면세계를 갖지 않고서야 이 절망을 이겨내기란 역부족이다.

관점의 전환 ⑤ : 무기력은 피로다(생활적 관점)

초등학교 6학년 여학생이 찾아왔다. 학교를 가지 않는다고 했다. 부모는 혼도 내보고 달래도 보았으나 아이는 꿈쩍도 하지 않는다고 했다. 아이는 너무 지쳐 보였고 아무 의욕이 없어 보였다. 학교가 아닌 병원을 가자고 간신히 설득해서 데려왔다고 한다. 그 첫날 면담에서 오고간 이야기의 일부다.

아이   공부가 지겨워요.

상담자   그렇구나.

어머니   아직 본격적으로 시작한 것도 아닌데.

상담자   공부가 어떤 면에서 지겹게 되었니?

아이   벌써 10년은 했잖아요, 10년! 억지로 10년이나 했는데 더는 못 하겠어요. 지겨워 죽겠다고요.

상담자   10년?

아이   엄마가 그러는데 저 공부 세 살 때부터 시켰다고 하더라고요. 그러니까 10년은 한 거잖아요. 태어나서 한 거라곤 공부밖에 없어요. 매일 지겹게 했다고요.

어머니   너 정도는 다 해, 요즘 세상에. 너 정도 하는 건 특별한 것도 아니야, 알아?

아이   엄마, 생각해봐, 내가 주로 뭘 했는지. 엄마 시키는 거 거의 다 했잖아. 근데 이젠 못 하겠다니까. 지겹고, 지쳤어. 아무것도 하고 싶지 않다고!

어머니   그래도 기본적인 것은 해야지.

아이   몰라. 10년은 그냥 쉴 거야. 하고 싶은 마음이 들 때까지 건들지 마.

아이는 등교를 거부하기 얼마 전에 문제집을 모두 가져다 재활용 쓰레기 수거장에 버렸다고 한다. 그리고 여섯 개의 사교육(영어 학원 하나, 수학 학원 하나, 수학 과외 하나, 논술 과외 하나, 피아노, 학습지 두 과목)도 다 그만두겠다고 선언했다. 수학 과목 진도는 중학교 선행을 한참 나간 상태였다. 아이는 번아웃burn-out된 성인이 와서 이야기하는 느낌 그대로였다. 한숨 쉬기, 아래 쳐다보기, 눈 주변의 다크서클까지.

두 번째 면담에서는 심리검사도 거부했다. 모든 질문에 대답하기가 싫다면서 눈물을 글썽이며 말했다.

"선생님, 제가 이제껏 편히 잠을 자본 날이 없어요. 학원 숙제, 학교 숙제, 엄마가 가끔 부족하다고 더 하라고 하는 것들을 모두 해낼 수가 없으니까 맨날 밀린 숙제, 밀린 일을 해결하지 못한 채 잠자리에 들었거든요. 하루라도 편히 자고 싶어요. 그리고 이제 아무것도 안 하고 싶어요. 뭘 하라는 말 자체가 싫어요. 아무도 나한테 뭘 하라고 말하지 않았으면 좋겠어요."

슬픈 순간이었다. 초등학교 6학년 아이의 등교거부에서 단순한 치기 너머의 무엇이 있음을 느껴야 하는 것이 마음을 무겁게 했다. 그래도 이 아이는 완전한 무기력 상태라고 볼 수는 없다는 생각이 위안이라면 위안이었다. 거부하고, 말하고, 저항하고 있으니까 말이다. 영국의 정신분석가 도널드 우즈 위니캇Donald Woods Winnicott은 저항할 수 없는 상태를 더 병리적으로 보았는데 이 아이는 가짜 감정, 위장하고 속으로 숨어들면서 속임수를 쓰면서 살지는 않기로 하였으니까 말이다. 아이는 다행히 얼마 지나지 않아 다시 학교로 돌아가기는 했다. 단, 학원은 더 이상 다니지 않기로 약속을 하고 말이다. 부모의 걱정은 태산 같았지만 부모도 받아들이기로 했다.

너무 이르게 등장한 포기와 무기력이라고 볼 수도 있지만 상황은 벌써 10년 전에 시작되었다는 것을 알 수 있다. 아이는 10년 동안 강요된 활동을 해온 것이다.

얼마 전에는 태교를 수학으로 한다는 뉴스가 나온 적도 있으니 우리 문화의 일부는 태아 때부터 자식에게 무언가를 쏟아부으려는 강박이 존재한다. 그러니 앞으로는 열 살만 되어도 '나는 이미 10년이나 공부했'면서 지겹다고 하는 아이들이 늘어날지 모른다. 이런 아이들의 호소를 보면 무기력은 무기력이 아니라 피로에 가깝다. 아이들은 만연한 피로를 호소하고 있는 것이다. 아이들과 여행을 떠나면서도 필요한 짐이나 책 말고 학습지에 대한 미련을 버리지 못하는 부모들이 많다고 한다. 여행을 가서도 여행 그 자체, 여행을 통해서 누릴 수 있는 경험과 추억만으로는 부족해서 학습지, 숙제, 또는 공부를 하도록 강요하는 어른들을 우리는 도대체 어떻게 바라보아야 하는가?

피로를 호소하는 아이들이, 숨 쉴 구멍이 없는 아이들이, 10년 넘게 학업 노동에 시달리던 아이들이 어느 날 이 끔찍한 노동을 하지 않겠노라며 파업을 선언할지 모른다.

관점의 전환 ⑥ : 무기력은 트라우마 상태, 아이들은 시스템의 부상자다 (트라우마적 관점)

무기력한 아이들의 상태를 어느 교사가 말하기를 '패잔병들의 집합' 같다고 한 적이 있다. 이 이야기를 듣고 얼마 지나지 않아 진료실에서 똑같은 이야기를 이번에는 아이에게서 들었다. 교실에는 학벌 전쟁, 학업 전쟁에서 부상당하고 포기하고 낙오한, 그래서 한심한 아이들이 잔뜩 앉아 있다는 말이었다. 그리고 그 아이는 자신도 현재 포기하고 지내는데 스스로도 속으로는 많이 놀랐다고 한다. 자신이 이렇게 부상당한 병사처럼 무기력하게 지내고 있다는 사실에 말이다.

그 아이가 보는 관점에서 아이들은 모두 전쟁에서 승리하지 못하고 패배한 채 트라우마를 입은 환자들처럼 가끔 흥분하고, 주로 멍 때리고, 각성되기 어렵고, 에너지가 없는 상태라고 했다. 하루하루를 간신히 버텨내고 있다는 표현이 맞는 일상이라는 것이다. 문제는, 그러고도 남는 것은 여전한 '패배감'이라는 것이다.

아이들이 우스갯소리로 부모라도 잘 만난 금수저가 되기를 바라는 이유는 자신이 이 전쟁에서 승리할 수 없을 것 같아서다. 장래희망이 재벌 2세인데 부모가 노력하지 않아서 자신의 꿈을 이루기 힘들다는 식의 유머를 듣고 있노라면 참 씁쓸하다.

아이들은 곳곳에서 트라우마와 맞닥뜨린다. 학원을 다니기 위해 테스트를 받을 때도 작은 트라우마를 입고, 레벨 업에서 떨어질 때도 그렇고, 성적표를 받았을 때도, 이웃집 친구에 대한 이야기를 하는 엄마에게서도, 학교에서 자신을 대하는 선생님들의 태도에서도 받는다. 실망과 무관심이 갈수록 커지면서 위축된 상태로, 그야말로 전선에 나서기가 두려워진다. 그러다 중요한 시험이나 테스트에서 큰 폭의 성적 하락과 이에 따른 주변의 태도를 경험하면서 큰 부상을 입으면 전선에서 후송되기를 바라는 병사 또는 낙오되거나 도망친 병사처럼 지내기로 결정한다. 그리고 마치 트라우마 환자가 트라우마 경험 이전과 이후 세계를 완전히 다르게 해석하듯이 자신을 둘러싼, 자신의 삶과 관련한 세계에 대한 해석을 달리한다.

특목고를 준비하다 떨어진 한 아이가 생생하게 전해준 이야기가 있다. 자신이 특목고를 지망하며 공부를 열심히 하던 때와 낙방하고 일반고에 진학하면서 겪은 주변의 태도는 천지차이라는 것이다. 특목고에 떨어진 뒤 스스로도 세상을 보는 태도가 변해서 이미 나에게는 특별한 기회가 주어지기는 어렵다는 것을 인식하고 나니까 정말로 세상이 다르게 보였다고 한다. 세상에게 다른 대접을 받고 자신을 보는 자신의 태도도 달라져서 고등학교 입학 이후에 생전 해보지 않았던 것들 피시방 가기, 지각하기, 시험 기간에 공부 안 하기 같은 '짓들'을 하며 살게 되더라는 것이다. 이 과정에서 아이의 낙심, 즉 아이가 받은 마음의 부상에 대해 세심하게 치유해주는 사람은 없었다. 일반 인문계 고등학교에 가서 1등 하면 되지, 같은 상투적인 말은 아이에게 위로가 되지 않았다고 한다. 그 아이는 정말 마음의 트라우마를 깊게 받아서 전투 의지와 사기를 완전히 잃고 부상당한 병사처럼 고1을 보냈다.

공부 상처, 진학 실패가 요즘 아이들에게는 학대와 방임 다음으로 가장 큰 트라우마다. 온통 부모의 기쁨이나 사회적 환대가 그 영역에서만 뒤따르니까 패배를 겪은 이후에 아이들은 탄력성을 잃고 부상자가 되고 만다. 무기력은 곧 패배에 대한 낙심에서, 마음의 부상에서 회복하지 못하고 처져 있는 상태라는 것을 알아야 한다.

관점의 전환 ⑦ : 진짜로 무기력한 것은 어른들이다(역설적 관점)

무기력한 아이들을 보며 함께 지내고 있는 어른들의 어려움을 살펴보는 것도 중요하다. 집 안에서 벌어지는 한 장면, 또는 교실의 한 장면을 떠올려보라. 책상에 엎드려 자고 있거나 퍼져 있는 아이에게서 어른들에게로 카메라의 방향을 돌려보라. 우리의 모습은 어떤가? 안절부절못하다가 화를 내다가 허둥거리다가 풀썩 주저앉아 있는 모습은 아닌가?

아이들이 무기력하게 지내고 있는 상황을 바꿀 힘은 상당 부분 아이들이 아닌 어른들에게 있다. 그러니 진짜로 무기력한 것은 이 상황을 바꾸지 못하는 어른들이라고 할 수 있다. 그런데 우리는 무기력감을 망각중이거나 회피중이거나 전가중이다. 아이들을 무기력하게 만드는 어떤 시스템이 있다는 것을 대한민국 어른들이 모르지 않지만 어쩔 수 없다는 자괴감이 도사리고 있다. 우리는 아이들이 무기력하게 지내고 있고, 그런 아이들이 늘어나고 있고, 가정에서나 학교에서나 생기 없이 지내고 있다는 것을 적어도 10년 전부터 '남의 이야기처럼' 잘 알고 있다. 그리고 내 아이에게만은 그런 '병'이 스며들지 않기를 바라면서 내 아이에 대한 철저한 방역을 하면서 지내기는 했다. 그럼에도 무기력은 우리 아이, 우리 교실의 아이들에게 전염병처럼 만연하고 있다.

우리가 지금 아이들에게 제시하는 것이 아이들을 행복하게 하지 않는다는 사실을 잘 알고 있지만 우리는 그것을 '해내야만' 한다고 주장한다. 초등학생이 중학 수학을 풀어야하는 것, 여행 한 번 제대로 가지 못하는 사춘기, 인류의 유산인 다양한 문화를 체험하는 것을 사치로 여겨야 하는 일, 새벽부터 밤늦게까지 시대가 강요하는 시스템에 갇혀 신음하듯 지내는 상황을 말이다. 다만 눈을 꾹 감고 내 아이만큼은 이 불행의 계곡을 넘어서 곡예를 타는 한이 있더라도 정상에 잘 올라가주기만 바라며 살고 있다. 그러나 잘 알다시피 이 대장정을 성공적으로 마치는 아이들은 그리 많지 않으며 그렇게 되지 않도록 해놓은 것이 이 사회의 시스템이기도 하다.

다시 강조하지만 어른들의 탁월하고 만성적인 둔감함과 회피야말로 아이들의 무기력을 양산해내는 견고한 시스템이다. 그동안 어른들이 한 일이라곤 마음을 닫고 웅크려 있거나 위축되어 있거나 비어 있는 상태인 아이들을 탓하는 것이었다. 부모들은 대체로 이기적으로, 강박적으로, 또 체면이 중요해서 아이들에게 화를 내고 다그치며 몰아붙였다. 때로는 노골적이고 강경하게, 때로는 세련되고 교묘하게. 어른들은 화를 내고 소리치고, 아이들은 죽은 듯이 있다는 그 차이만 있을 뿐이지 무기력하기는 마찬가지다.

우리는 자신에게 화를 내고 있는 것이다

바라는 것은 많고 뜻대로 되지 않음을 고백하는 어른들이 내는 화는 과연 그 과녁이 어디일까? 소아과 의사이자 정신분석가인 위니캇은 이렇게 말했다. '무기력한 아이들에게 화를 내고 있는 어른들은 사실 아이들에게 화를 내는 것이 아니라 자신에게 화를 내고 있다는 사실을 깨달아야 한다'고.

어른들이 화를 내는 이유는 다층적일 수 있다. 첫째, 무기력한 아이들을 변화시킬 힘이 자신에게는 없다는 데서 생기는 화, 즉 변화를 만들어낼 수 없는 자신의 무기력에 화를 내는 것이다. 둘째, 아이들에게 결핍해 있는 희망을 제시할 수 없다는 것에 대한 화. 현재 무기력한 아이에게 말할 수 있는 것은 이미 아이가 포기하거나 하고 싶지 않다는 것에 대해서뿐이다. 그러므로 그것은 희망이 아니다. 특히 우리 사회에서는 하나의 길 말고는 알고 있는 것이 없으며 그 길을 벗어난 새로운 길에 대해서는 한없는 공포심을 갖는다. 셋째, 무기력한 아이들을 보면서 느끼는 감정의 밑바닥에는 두려움이 있는데 그 두려움에 대한 화. 체면, 생존, 부담에 대한 회피일 수도 있다. 조금 편하게 살고 싶은데 끝없는 두려움과 걱정에 사로잡힐 일에 대한 화이기도 한다.

결국 무기력한 아이들에 대한 화는 시간이 지나면서 우리 자신을 향한 화로 바뀌어서 증오의 시간이 지나고 나면 함께 포기한 채로 지내게 된다. 우리 자신도 무기력해지고 마는 것이다. 그러므로 화난 상태에서 벗어나려면 다른 방식, 다른 전략을 찾아야 하는데 아마 그것은 지금까지 우리가 해본 일이 아닐 것이다.

04

무기력은
어떻게 형성되는가?

① 사회적 무기력

지옥에서 지내기 위해 준비해야 할 것은 무감각이고 무사고無思考다.

– 마이클 아이건

무기력에 취약한 사회

대한민국은 사람을, 특히 아이들을 무기력하게 만들기 쉬운 취약한 구조를 가진 사회다. 무기력에 취약한 사회의 특징은 이미 우리가 알고 있는 대로다.

- 획일적 성공 기준
- 지나친 경쟁과 서열화
- 조건적, 평가적 양육 및 훈육 문화
- 극핵가족(자녀가 하나 아니면 둘인 사회)

이 네 가지 특징이 우리에게 강박적인 고통을 안겨주고 있으며 이 고통에서 벗어나기 어려운 현실이 아이들을 무기력의 늪에 빠지게 만든다.

'획일적 성공 기준'은 공부에 국한해서 성공을 숭상하고 아이들을 입시에 가두는 족쇄가 되고 있으며 다른 분야에서는 아주 드물게 성공한 사람들만 축복을 받는다(공부는 '돈'의 전구체이며 결국 물질적 성공에 국한한 기준이 한국을 지배하고 있다는 데 대해서는 학벌 자본 사회 등을 주장한 사회학자와 철학자들이 수없이 언급한 바 있다).

'지나친 경쟁과 서열화'는 공부의 결과인 성적에 따라 잘하는 아이들과 못하는 아이들을 철저히 나누고 아주 어렸을 때부터 사회적 대우의 차이를 만든다는 것이다. 이것은 성적만의 문제가 아니라 여러 영역으로 확대되어서 아이들에게 상처를 주고 있다. 운동, 예술, 인기 등 모든 분야에서 아이들은 서열에 아주 민감해져 있는 상태다. 최근의 학교 교실을 때때로 '정글'이라 표현하는 것도 이런 서열화의 법칙이 잔혹하게 적용되는 현실을 반증하는 것이다.

'조건적, 평가적 양육 및 훈육 문화'는 공부와 성적에서 소외되지 않기 위해 가정과 학교가, 학자들이 지적하듯이 '기획된 가족', '기획된 학교'로 운영된다는 것이다. 아이들은 조건적이고 평가적인 문화 안에서 살면서 수많은 대립과 갈등을 겪는다. 각종 시험과 평가가 아이들을 옥죄고 있는 가운데 이 과정에서 실패를 반복할 뿐 배려와 격려, 칭찬의 문화는 제한적이다.

'극핵가족' 문제. 우리나라는 지금 초저출산 국가로서 집집마다 자녀가 하나 아니면 둘인 상황에서 부모의 욕망 대상도 제한적이다. 따라서 부모의 욕망을 실현해주어야 할 자녀에 대한 압박은 과거보다 훨씬 높아졌다. 아이들은 부담이 훨씬 커진 상태에서 스트레스를 경험한다. 반면 아이들을 도울 확대가족이 해체된 상태에서 부모, 조부모 말고 다른 가족의 도움을 받기는 어려워진 상태다.

우리와 비슷한 조건을 가진 나라가 일본이었다. 일본은 무기력의 다양한 양상을 지금까지 심각하게 겪고 있다. 집에 틀어박혀 나오지 않는 히키코모리, 40만에서 100만에 이르는 아동 및 청소년의 등교거부, 젊은이들이 취업하지도 배우지도 않고 지내는 니트NEET족, 또 최근에 논의되고 있는 무력한 사회인들이 겪는 신종 우울증이나 사회적 우울증에 이르기까지 무력한 아이들과 젊은이들에 대한 수많은 담론이 제

기되며 사회적 대책이 쏟아지고 있는 가운데 당사자들은 이런 사회를 진단하는 데 '하류사회'라는 표현을 쓰고 있다.

우리도 지금 일본과 비슷한 길을 가고 있다. OECD 국가 중 자살률 1위 자리를 10년째 지키고 있다는 현실과 함께 각종 삶의 질을 예시하는 지표들에서 불행하고 힘든 결과들을 보여주고 있다.

무기력한 아이들을 만드는 사회적 통념

2015년도에 우리나라에서 출생한 신생아 수는 43만 8,700명으로 한국은 벌써 몇 년째 OECD 국가 가운데 최저 출산율을 보이고 있다. 그리고 최저 출산율 시대에 태어난 아이들은 대부분 외동이다. 외동으로 태어난 아이들은 엄마, 아빠의 집착에 가까운 사랑과 주변의 높은 기대를 받고 자라며 이것이 아이들을 무기력하게 만드는 한 원인이 되고 있다는 것을 간과할 수 없을 것 같다.

아이들은 도대체 어떻게 해서 무기력해지는 것일까? 일단 사회적 통념이 무기력한 아이들을 양산한다고 볼 수 있을 것이다. 특히 우리가 잘못 알고 있는 사회적 통념은 생각보다 심각하다. 요즘은 NIE를 따로 하지 않아도 초등학교 4학년쯤 되면 신문을 보는 아이들이 꽤 되는데 굳이 신문이 아니라도 인터넷 포털 사이트에 접속만 하면 온갖 기사들이 뜨니까 아이들이 뉴스를 접하는 일은 전혀 어렵지 않다. 즉, 아이들이 사회적 통념의 영향에서 자유롭다거나 아무 상관없다고 말할 수 없는 세상이 되었다는 뜻이다. 예를 들어 어느 겨울에 한창 구스다운이 유행했는데 그 중에서도 특정 브랜드가 아이들 입에 오르내렸다. 인터넷에서 이 옷을 청소년들이 많이 입는다고 떠들어대는 바람에 여러 가정에서 엄마와 자녀 사이에 다음과 같은 대화가 오갔다고 들었다.

"엄마, 요즘 청소년들은 다 캐나다○○를 입는다는데 나도 그거 사줄 수 있어?"

"뭐라고? 그게 얼마나 비싼지 알기나 해?"

"그럼 난 뭐 입고 다녀?"

"지난겨울에 노스○○○ 사줬잖아. 그것도 새 옷이나 다름없던데."

"그러니까 지금 우리 집은 가난해서 캐나다○○를 사줄 수 없다는 말이지?"

아이들은 가깝게는 옷이나 신발, 가방 같은 패션을 비롯해서 교육적인 내용, 한국 사회가 어떻다, 세계정세가 어떻다 하는 이야기에 상당한 영향을 받는다. 저성장 시대니 불완전 고용 시대니 잉여 사회니, 어린것들이 사회적·정치적·경제적 상황을 얼마나 안다고 심각하게 받아들이겠느냐 싶겠지만 뜻밖에 그렇지 않다.

10년 전쯤 봉천동의 한 청소년 공부방에서 일할 때 거기 드나들던 학생 가운데 빈곤 지역에 살던 아이가 있었는데 그 아이가 내게 이 사회가 아이들의 삶에 어떻게 영향을 미치는지를 여실히 가르쳐주었다. 아이는 내게 이렇게 말했다. "잘사는 동네에 살면서 비싼 돈 주고 과외를 받는 아이들이랑 청소년 공부방에서 제시간에 잘 오지도 않는 대학생들한테 배우는 저는 차이가 너무 큰 것 같아요. 그러니 제가 과연 뭐가 될 수 있겠어요?" 아이는 이렇게 덧붙였다. "선생님(나)이 상담을 해주는 것도 고맙고 대학생 언니 오빠들이 공부를 봐주는 것도 고마운데 제 생각에는 대세에 크게 영향을 미칠 것 같지는 않아요." 아마 대학생들로서는 아이를 그냥 내버려두기는 불편했고 어떻게 해보자니 버거웠을 것이다 그래서 아이는 나한테 이야기를 털어놓은 것이고 나로서도 충분히 수긍할 만했다.

아이들이 어떻게 해서 무기력해지는가 하는 과정에는 특정한 돌봄 시스템이 영향을 미칠 수도 있지만 이렇게 사회적인 분위기가 큰 영향을 미치기도 한다. 공부방의 그 아이는 어찌 보면 사회적 현실에서 영향을 많이 받은 유형이라고 할 수 있을 것이다.

요즘에는 상담자 가운데 중학생 때부터 애써 고달프게 살지 않으려고 서둘러 포기하고 무기력 노선을 취하는 사례가 많아서 이 이야기를 하나 더 해볼까 한다. 잘 알다시피 중학교 2학년을 전후로 특목고로 진학할 것인가 일반고로 갈 것인가가 나뉘는데 많은 이들이 여기에 대해서 교사나 부모의 걱정이 아이가 하는 고민의 강도보다 셀 거라고 생각하겠지만 사실은 아이들이 받아들이는 강도가 훨씬 세다. 나와 상담한 아이가 하는 말은 이랬다. "나라를 지킬 아이들과 동네를 지킬 아이들이 중학교를 기점으로 나뉘진다고 해요. 특목고를 준비하는 아이들은 나라를 지키며 국가를 위해 살 아이들이고 저 같은 아이는 그냥 내 한 몸 버티고 사는 것이나 가능할지 의문이에요." 그리고 부모님이 자기를 책임지기 위해 힘들게 사는 모습이 결코 행복해 보이지 않는다고도 했다. 결혼하고, 아이 낳고, 그 생활을 책임지려고 아빠는 직장에 다니며 허구한 날 야근을 일삼고 엄마는 학원비라도 벌어보려고 부업을 하는 삶이 별로 행복해 보이지 않는다는 것이다.

어느 가정이나 거기서 거기 다 비슷하지 않을까 싶다. 하루 종일 힘들게 일하고 게다가 야근까지 하고 10시 넘어 집에 들어가면 아이들을 보며 또 행복한 척 웃어야 하지 않던가. 이렇게 삶에 찌든 부모의 모습을 보면서 아이들은 '열심히 할 필요성'을 못 느낀다. 이것이 곧 사회적 통념 때문에 벌어지는 일이고, 이런 가운데 아이들은 '나에게 과연 기회가 올 것인가'에 대한 부담과 두려움을 가지게 된다.

무기력에 대한 통념적 오류 : 절대사랑의 부족

오류라고 전제하는 이유는 교사나 부모들이 현재 무기력하게 지내는 아이들에 대한 원인을 거론할 때 그것이 잘못된 생각에서 기인하는 경우가 많아서다.

첫 번째 오류는 요즘 아이들이 관심과 사랑을 충분히 받고 있다고 생각한다는 것. 아이는 자기가 사랑받고 있다는 생각을 안 하는데 부모만 유난을 떤다고 보는 관점이 더 정확할 것이다. 부모들만 아이에게 집착하고 강박적일 만큼 독점적인 애정을 품고 있는 셈이다. 전부터 여러 번 강조했지만 과거에 아이들을 키운 건 확대가족, 단순히 내 가족만이 아니라 일가친척을 비롯해서 한 마을 전체였다. 주변이 골고루 아이에게 관심을 가져주고 돌봐주되 치우치지 않았다. 그런데 지금은 아이들이 집과 학교, 학원을 뱅뱅 돌며 가족(이라고 해야 엄마, 아빠뿐이거나 기껏해야 형제 한 명 정도가 더 있는) 안에서만 지낸다. 그러니 우리가 쉽게 생각하는 것처럼 '아이가 무기력에 빠질 만큼 충분한 사랑을 받지 못한 게 아닌데…' 하는 것 자체가 오류에 해당한다. 부모를 빼면 아이들은 그 존재감이 미미할 정도로 약하고 무기력해지는 게 당연하다고 할 만큼 주위 사람들로부터 충분한 관심과 사랑을 받지 못하고 있다.

두 번째 오류는 가정에서의 돌봄이 충분하다고 믿는 것. 별로 그렇지 않다는 사실은 하루가 멀다 하고 터지는 가정폭력이나 아동학대 뉴스만 봐도 알 수 있을 것이다. 어린 딸을 폭행해서 숨지게 한 엄마도 있고, 두 살 된 아이를 봉지에 넣어서 쓰레기통에 버린 비정한 아버지도 있다. 우리는 자꾸 자신과 주위 사람들의 가정만 떠올리고 아이들이 충분한 사랑을 받고 있다고 생각하는데 범위를 사회 전체로 확대하면 사정은 크게 달라진다. 일단 아이와 대화를 충분히 나누는지부터 생각해보자. 단적인 예로 대한민국 청소년 가운데 엄마와 매일 1시간 정도 이야기를 한다는 아이는 40퍼센트밖에 되지 않는다.

가정에서의 돌봄이 충분하지 않다면 학교는 어떤가? 배우겠다는 의지를 가지고 학교에 와서 눈을 반짝반짝 빛내고 있나? 역시 전혀 그렇지 않다는 대답을 할 수밖에 없을 것이다. 그렇지 않은 정도가 아니라 오늘날엔 아예 학교에 배우러 왔다는 아이들이 없다고 보아야 한다. 이런 현실은 교사들에게도 큰 상처가 되고 있다. 아이들을 가르치고 그 가르침을 받고 자라는 아이들이 있어야 교사라는 직업의 정체성이 성립할 텐데 가르침을 받아야 할 대상이 배움에 대한 의지가 없으니까, 다시 말해 기본 설정이 깨진 상태에서 출발해야 하니까 다 같이 어긋나면서 힘들어지는 것이다. 게다가 교사가 잘 가르치기만 해서 되는 세상도 아니다. 아이들을 가르치는 일 말고도 교사에게는 주어진 업무가 너무 많고, 아이들에 대한 전반적 돌봄 부족 현상이 교사들에게 가르침과 돌봄을 다 하도록 요구하는 사회적 책무만 높아지고 있다.

그렇다면 아이들은 돌봄이 불충분하고 제대로 배우지도 않는 상태에서 재미있게 실컷 놀기라도 하나? 이 질문에 대한 대답도 역시 '노'다. 신나게 게임을 하는 것처럼 보이는 아이들조차 정작 물어보면 절반 정도는 재미있어서라기보다 심심해서 한다고 대답한다.

한마디로 요즘 아이들은 너무 무기력해서 학교에 와서도 자고 집에 가서도 자고 아무 생각 없이 사는 것처럼 보인다. 진지하게 또는 깊이 있게 뭔가를 생각하거나 고민하는 것을 질색해서 나날이 깃털처럼 가벼워지는 것만 같다. 그런데 이런 아이들도 실제로 만나서 이야기를 나누어보면 걱정이 아주 많다.

아이들이 무기력해지는 사회적 통과의례

- **Test Baby** 과도한 테스트
- **High Expectation** 높은 기대
- **High Competition** 높은 경쟁
- **High Loading** 높은 수행과제
- **Only one child** 한 자녀 혹은 두 자녀

아이들이 무기력해지는 과정은 우리나라 아이들에 대한 외신 보도에 자주 등장하는 '테스트 베이비'라는 표현에서 찾아볼 수 있을 것이다. 어른들이 생각하기에는 그럴 이유가 전혀 없을 것 같은데도 아무런 의욕이 없는 아이들, 별로 하는 일도 없는데 늘 피곤하다며 학교에 와서 엎드려 자는 아이들, 모두 과잉보호에서 비롯한 무기력이라고 할 수 있다. 그 과정을 한번 더듬어보자.

통계를 보면 2012년도 고3에 비해서 2013년도 고3이 수면이 부족한 걸로 나온다. 그러면 단순히 '잠을 더 못 잤으니까 2013년도 고3이 공부를 더 했나 보군' 하고 생각할 수 있을 것이다. 통계만 놓고 보면 우리나라 아이들은 갈수록 수면 부족 현상이 심각해지고 있기는 하다. 그런데 이런 통계에 교사들이 거세게 반발했다. 밤잠을 위주로 조사해서 그렇지 학교에 와서 자는 아이들이 얼마나 많은데 수면 부족이냐, 반드시 낮잠을 포함해야 한다고 말이다. 정신과 의사로서 말하자면 실

제로 만성적 수면 부족 판정을 받는 아이들이 늘어나고 있고 무기력증이 아니더라도 대부분의 아이들이 지독한 피로감을 호소하고 있다.

우리나라 아이들은 태어날 때부터 학습적 본능을 타고나는지 거의 세 살이 되면 공부를 시작해서 학습자로서의 삶을 살아가게 된다. 여기서 말하는 학습이란 물론 사교육 형태를 띤 공식적인 교육을 일컫는다. 그래서 다른 나라 여덟 살짜리와 우리나라 여덟 살짜리는 학습 면에서 비교가 안 될 정도로 월등하다. 여덟 살이 될 때까지 풀어본 문제집과 경험한 학습 교구를 쌓으면 자신의 키 정도, 아니 키보다 높을 것이다.

일찌감치 시킨 조기 학습의 폐해는 초등학교 2, 3학년 때쯤 문제집을 풀기 싫다, 공부하기 싫다, 학교에 가기 싫다 하는 식으로, 즉 학습 피로에 노출된 아이들이 속출하는 것으로 나타난다. 어떤 사람들은 공부란 평생 하는 거고 늘 새로운 걸 배우는데 뭐가 피로하냐고 하겠지만 그건 어른이 된 다음이니까 할 수 있는 말일 뿐이다. 매일 새로운 것을 깨닫는 즐거움은 자발적으로 할 때 생기는 것이지 부모나 교사의 강요에 의해 어린 나이에 영문도 모르고 억지로 할 때는 생기지 않는다. 지금 교사들이 교육 현장에서 만나는 아이들도 이런 만성적 학습 피로에 시달리는 '학습피로증후군' 아이들이 태반이다. 선행학습을 하고 온 아이들한테는 뭘 해보자고 해야 새로울 게 없고 이미 해본 것인데도 제대로 알지 못하면 아이는 아예 학습에 흥미를 잃게 된다.

특히 아이들을 힘들게 하는 것은 3~5세 아이의 부모들이 영재교육원이라든지 일정한 사교육 분야에 데려가서 평가를 받게 하는 것이다. 평가를 받으려는 부모의 의도는 하나같이 '내 아이가 특별하다'는 결과를 얻고자 하는 데 있다. 자기 아이가 특별하기를 바라는 부모의 마음을 아이들 역시 말로 표현하지는 않아도 충분히 감지한다. 며칠 동안 이리저리 끌고 다니면서 영어 영재 테스트를 받고, 수학 영재 테스트를 받고, 예술 영재 테스트를 받는 과정에서 어떤 때는 엄마의 얼굴이 확 밝아졌다가 어떤 때는 어두워지곤 하는 걸 보면서 말이다. 사람 관계란 늘 상호적이라서 아무리 아이라고 해도 완전히 속일 수는 없다. "엄마는 너한테 특별한 거 바라지 않아. 그냥 한번 테스트 해보는 거야." 이렇게 말해도 아이들은 엄마의 욕구, 즉 '내가 특별한 아이이기를 바라는' 엄마의 심정을 느낌으로 충분히 안다.

그런데 대한민국 엄마들의 일부만 자기 아이가 특별하기를 바라는 게 아니라 모든 엄마들이 다 그렇다는 데 비극이 도사리고 있다. 그리고 여기에 아이들이 느끼는 원초적 부담감이 존재한다. 게다가 가정에 아이가 두셋 되는 것도 아니고 보통 한둘이다 보면 엄마가 자기한테 어떤 기대를 걸고 있는지 아는 아이로서는 엄청난 압박을 느낄 수밖에 없다. 바꿔 말하면 교장선생님이 일선 교사들에게 학교의 온갖 업무에 대해 상당한 기대를 걸고 있는 것과 마찬가지다. 가령 교육청에서 평가라도 나올라 치면 마치 그 책임이 전부 교사들에게 있다는 듯 이것저것 지시하시지 않던가. 각각의 영역에 책임을 맡은 교사들은 그 사실만으로도 금세 피로를 느낄 수밖에 없을 것이다.

이때 교사들의 마음 상태와 아이들의 마음 상태가 같다고 보면 된다. 아이로서는 엄마 아빠의 너무 많은 기대를 계속 짊어지고 살아가려니 그 자체에서 오는 피곤함이 있다. 게다가 아이가 점점 자라면서 부모는 그때까지 느낌만으로 전하던 기대감을 이제 거침없이 드러내놓고 표현하게 된다. 자기 자녀에게 낮은 기대를 표현하는 부모는 별로 없을 테니까 기대 중에서도 높은 기대를 표현하게 되는 것이다.

기대와 한 쌍인 것으로 비교가 있다. 초등학교 때는 '너랑 같이 유치원 다니던 누구는 공부를 잘한다더라', 중학교 때는 '옆 집 누구는 어느 고등학교에 가려고 준비한다더라', 고등학교 때는 '엄마 친구 아들은 어느 대학이 목표라더라'…. 친척 모임, 친구 모임, 종교 모임 등 어디를 가든지 아이들은 자기가 있는 자리에서나 없는 자리에서나 자기 의지와 상관없이 끊임없이 비교를 당한다. 그리고 비교당할 때 들이대는 근거는 '자식이라곤 너 하나뿐'이라는 멘트다.

세 살 때부터 학습자가 되어서 학년이 올라갈수록 더 많은 기대를 받으며 자라고, 크면 클수록 더 자주 비교당하는 상황에서 아이들은 모든 것을 혼자 감당해야 한다. 할 일은 너무 많은데 힘을 실어주는 사람은 없고 결과가 안 좋게 나오면 실컷 잔소리를 듣거나 혼나야 한다.

통계적으로도 우리나라 부모는 아이들에게 칭찬과 격려를 적게 하는 것으로 나온다. 일본에서 한 교사가 어린이칭찬연구회라는 조직을 만들어 활발하게 활동한다는 이야기를 듣고 우리는 너무 아이들을 칭찬하지 않는다는 반성을 한 적도 있다. 이 조직은 칭찬 조례라는 것을 만들어 칭찬 활동을 장려하며 칭찬은 아이들이 받아야 할 마땅한 권리라는 홍보를 해서 히트를 치기도 했다. 물론 우리나라에도 어린이 칭찬 조례를 만든 시가 몇 군데 있기는 하다.

아이들을 계속 이런 환경으로 밀어넣으면 어느 시점에 "나는 더 이상 못 견뎌!" 하고 외치는 날이 올지 모른다. 그 전에 아이들의 숨통을 틔워줄 방법을 찾아야 한다.

05

무기력은
어떻게 형성되는가?

② 가정과 학교에서의 무기력

성공이 사회적 기준이라면 새로운 비도덕적 인간은 실패자다.
– 파울 페르하에허

양육과 가족 시스템이 낳은 무기력

'나는 내가 다른 사람들처럼 가치 있는 사람이라고 생각한다.'

'나는 좋은 성품을 지녔다고 생각한다.'

'나는 다른 사람들만큼 일을 잘할 수 있다고 생각한다.'

'나는 나에게 긍정적인 태도를 가지고 있다.'

'나는 나에게 대체로 만족한다.'

지금 언급한 다섯 가지 질문에 여러분은 몇 번이나 고개를 끄덕였는지. 이 문장은 자존감을 검사하는 항목 가운데 일부로 긍정적인 답변이 많을수록 자존감이 높다는 것을 의미한다. 자존감이 지나치게 높으면 타인을 무시하는 성향을 보일 수도 있지만 너무 낮으면 심한 열등감으로 나타난다.

우리가 흔히 만나는 무기력한 아이들은 자존감이 낮은 경우가 대부분인데 그것은 아이들이 자신의 욕구를 포기하고 얻은 대가라고 할 수 있다. 그렇다면 아이들이 포기하는 욕구는 과연 무엇일까? 그리고 이때 아이들의 내면은 어떤 상태일까? 가족이나 학교 시스템을 살펴봄으로써 아이들을 무기력에 이르게 하는 과정을 알 수 있으며 그러려면 아이들이 본질적으로 가지고 있는 욕구를 이해해야만 한다. 무기력한 아이들이 해소하지 못한 욕구가 무엇인지를 살피는 과정을 통해 아마 그들의 내면과 상태를 이해할 수 있게 될 것이다.

우리는 과잉보호, 즉 부모가 사랑을 듬뿍 주고 아이가 그 사랑을 흠뻑 받으면 아주 열정적이고 적극적인 사람이 될 것 같지만 사실 과잉보호란 아이를 꼼짝 못하게 하는 것에 지나지 않는다. 모든 것을 부모가 주도함으로써 아이는 시키는 대로만 하게 하는 것이 과잉보호요, 이는 결국 사랑이라는 이름의 독을 주는 것과 같은 행위다.

과잉보호는 오늘날 가족 구조가 외동인 사회로 가는 데서 비롯한 현상이다. 많은 가정에서 아이를 하나밖에 낳지 않으면서 부모는 자신들의 열망을 그 아이 하나에게 다 걸게 되었다. 결혼할 무렵에는 아이를 셋쯤 낳아서 하나는 예술가를 만들고 하나는 의사를 만들고 하나는 변호사를 만들겠노라 거대한 계획을 세우지만 살다 보면 지금 세상에 아이를 셋씩 낳았다가는 제대로 교육시키며 키울 수 없다는 사실을 절감하게 된다. 그래서 얻은 결론이 '하나만 낳아서 잘 키우자.' 그리고 거기에 모든 기대를 걸고 아이 하나를 쪼개서 예술가도 만들고 의사도 만들고 변호사도 만들고… 하는 식으로 환상을 품게 되는 것이다.

가령 아이가 친척을 만나는 자리라도 생기면 할아버지, 할머니, 삼촌, 고모(이모)들은 각각 이거 돼라, 저거 되라며 한 마디씩 거든다. 할머니가 아이에게 원하는 것은 의사니까 의사 손자가 되었다가 삼촌은 변호사 되었으면 좋겠다고 하니 장래 변호사감 조카로 변신한다. 그런데 아버지는 기업가가 되라 하고, 이모는 또 연예인이 되면 좋겠다고 한다. 이런 터무니없는 현실 속에서 아이는 결국 부모(가족)의 기대를 실현할 수 없게 된다.

이때 아이가 선택하는 것은 '내가 할 수 없다는 것'을 보여주는 일이다. 아이들이 자기가 할 수 없다는 것을 보여주는 방식은 두 가지다. 기대를 파괴적으로 깨고 비행으로 가는 것이 하나, 또 하나는 조금 수동적으로, 즉 '나는 잘 못한다'는 것을 천천히 알리는 일이다.

결국 아이들이 무기력이라는 결과를 보이는 원인은 어떤 경우에는 애정결핍이고 어떤 경우에는 과잉보호지만 둘 다 정당한 사회적 보상이 없어서 생기는 현상인 것만은 분명하다. 특히 부모가 아이를 아예 돌보지 않는 애정결핍이나 방임형 무기력은 부모로부터 받은 것이 없다 보니 무책임하고 반사회적인 사람으로 성장해서 어느 시기에는 정말 아무것도 할 수 없는 지경에 이르기도 한다.

학교 시스템이 낳은 무기력

학교 시스템이 낳은 무기력은 우리가 너무 잘 알고 있는 이야기다. 학교에서는 매일 획일적인 기준으로 아이들을 혼내고 평가하고 줄 세우고 편애하는 일들이 벌어진다. 너무 흔한 이야기라서 과거에는 그러려니 했다면 지금 아이들은 그러려니 안 하는 데서 문제가 생긴다. 적극적으로 반항하는 아이들도 있기는 하지만 대개는 수동적인 반항, 그냥 하지 않고 지내는 것으로 자신의 의도를 표출하게 된 것이다.

전교생 가운데 한 학년이 100명이라면 그 가운데 무기력하지 않고 재미있게 지내는 아이가 10명 정도라고 한다. 선생님의 관심을 독차지하며 긍정적으로 행동하는 아이들이 10퍼센트밖에 안 되는 것이다. 또 다른 10명 정도는 선생님의 관심을 받기는 하는데 부정적으로 받아들이는 아이들이다. 그래도 매일 선생님이 이름을 불러주고 관심을 가져주는 20퍼센트의 아이들은 괜찮은 편에 속한다. 대다수를 차지하는 80퍼센트 아이들이 문제라고 할 수 있다. 이 아이들은 자신이 있어도 그만 없어도 그만인 존재인 것으로 받아들이기 때문이다. '나도 세상에 단 하나뿐인 존재인데 집에 가면 누구보다 소중한 아들이고 딸인데 학교와 선생님은 나한테 관심이 없다.' 나와 상담을 했던 한 아이는 새 학년이 되고 나서 두 달이 지나는 동안 선생님이 자기 이름을 딱 두 번, 이틀밖에 부른 적이 없다고 했다. 두 달 동안 학교에 간 날이 40일이라면 아이는 38일 동안 익명의 존재로 생활한 셈이다.

우리 세대가 중·고등학교를 다니던 시절에는 한 학급에 70명쯤 되었으니까 선생님이 내 이름을 한 번도 불러주지 않아도 그러려니 했다. 그런데 요즘 아이들은 자기를 알아주느냐 그렇지 않느냐에 사활을 걸 정도로 민감하다. 집에서는 특별한 존재인 '내'가 학교에만 가면 '일반화'되는 것을 견디기 힘들어하고 전국에 나 같은 아이가 널리고 널렸다는 것, 학교에 가봤자 눈길 한번 받기조차 힘들다는 것을 참을 수 없어 한다. 김춘수 시인의 〈꽃〉이라는 시에도 나오는 것처럼 '내가 그의 이름을 불러주기 전에는 그는 다만 하나의 몸짓에 지나지 않았다. 내가 그의 이름을 불러주었을 때 그는 나에게로 와서 꽃이 되었다….' 누군가 내 존재를 알아주기 전에는 나는 아무것도 아니고 이름을 불러주고 알아주어야 꽃을 피울 수 있는 것처럼 아이들은 끊임없이 관심받기를 원한다.

그런데 어떤 아이들은 매일 피는 꽃이고 어떤 아이들은 1년에 한두 번밖에 피지 못하는 꽃이 된다. 가정이라는 작은 울타리 안에서 사랑과 관심을 듬뿍 받는 존재로서 누린 경험과 학교라는 큰 울타리에서 어떤 형태로도 관심을 끌기 힘든 경험 사이에 괴리가 생기면 학교와 교사가 내게 무관심한 것처럼 나도 받은 것이 없는 학교와 선생님에게 무관심해지기 시작한다. 그리고 '내가 왜 학교에 다녀야 하는지 모르겠다'면서 성질을 부리거나 짜증을 낸다. 아이들은 학교를 '내가 관심을 받으며 활동할 수 있을 만한 공간'이라고 느끼지 않음으로써 점점 무기력해져간다.

요즘은 옛날처럼 교사들이 교실에 들어가도 출석을 잘 안 부른다. 한 아이가 내게 명찰과 관련한 이야기를 해준 적이 있는데 자기는 학교에서 왜 명찰을 달라고 하는지 의문이라고 했다. 그 아이 말에 따르면 자기는 외국 청소년 영화를 많이 보는 편인데 그쪽 아이들은 명찰이 없단다. 우리나라 학교에서 명찰의 용도는 뭔가를 잘못했을 때 (이름을 모르니까) 이름을 부르기 위해서, 혹은 떼어내서 기분 나쁘게 하려고 있는 것 같다고 했다. 아이는 명찰이 학생을 위해서 있는 건지 선생님을 위해서 있는 건지 모르겠다, 우리나라도 명찰을 없애야 하고 선생님들이 아이들 이름을 다 알아야 한다고 주장했다. 평소에는 이름 한 번 안 불러주면서 혼낼 일이 있거나 학교 규칙을 위반했을 때만 필요한 것이 명찰이라는 것이다.

사람은 누구나 상대가 나를 알아주어야 기력과 의욕이 생긴다. 하물며 청소년기에는 더 말할 필요도 없다. 나를 몰라주는데 혹여 알아주더라도 잘못하는 것으로만 알아보면 상처를 받을 수밖에 없다. 아이에게 '너는 특별히 못하는 것도 없지만 특별히 잘하는 것도 없어'라는 말이나 생각을 노출하는 것도 엄청난 상처를 입힌다는 사실을 어른들이 명심했으면 한다.

경쟁과 비난, 나쁜 칭찬이 만든 무기력

교사가 학교에서 아이들을 다루는 방식 가운데 가장 흔한 것이 혼내기일 것이다. 사람은 누구나 자주 지적당하고 혼나면 무기력해지기 마련이다. 어른도 마찬가지다. 가령 시어머니가 며느리 집에 와서 살림을 어떻게 하면 부엌이 이 모양이냐, 화장실은 왜 이렇게 더러우냐, 청소나 제대로 하고 사느냐, 냉장고에 오래된 음식이 있던데 왜 안 먹었느냐면서 잔소리를 늘어놓으면 아마 대놓고 항변은 못해도 '그럼 당신이 직접 하시든지' 하는 심정이 될 것이다.

되풀이하는 지적과 잔소리는 사람을 변화시키지 못할 뿐더러 오히려 무기력에 빠지게 만든다. 아울러 잔소리 못지않게 칭찬이나 경쟁도 아이들을 무기력하게 만드는 독이 될 수 있는데 잘하는 아이만 칭찬하는 것은 나머지 아이들을 무기력하게 만드는 지름길이고 경쟁 가운데서도 승자가 공을 독식하게 하는 방식은 나머지 사람들을 무기력으로 내몬다.

그렇다면 무기력하게 생활하는 아이들은 마음이 평화로울까? 학교에 와서 1교시부터 자는 아이들은 무덤덤하고 창피함을 몰라서 그러는 것일까? 대답부터 하자면 전혀 그렇지 않다. "너는 하루 종일 아무것도 안 하고 잠만 자니까 편하겠다, 밤에는 잠이 안 올 것 같은데 뭐하면서 보내니?" 이렇게 조롱하듯 던지는 질문에 아이는 이렇게 대답하고 싶어질 것이다. "그래서 어쩌라고요? 집에 가서 자고 학교에는 아예 오지 말까요?"

요즘 아이들은 과거보다 훨씬 인정받고 싶은 욕구가 강하고 어떤 면에서는 자식이 자기 하나밖에 없다는 사실을 잘 알기에 부모를 더 기쁘게 해주려는 욕구 또한 강하다. 또 스스로 나는 잘한다, 괜찮다는 자신감도 가지고 싶어 한다. 특히 청소년기에 접어들면 자신의 미래에 대한 관심이 커져서 자기가 무엇을 잘하는 아이인지, 어떤 면에서 장점을 가지고 있는지를 발견해서 스스로 자기 길을 찾고 싶어 한다. 이렇게 부모로부터 서서히 독립하고 싶은 욕구가 잘 반영되지 않다 보니까 결국 무기력해지는 것이다.

옛날이나 지금이나 아이들은 모두 이런 욕구를 가지고 있다. 다만 기성세대는 이런 욕구를 누가 알아주지 않더라도 혹은 어른들이 나한테 무관심해도 그냥 참으면서 스스로를 키워가야 했다(알아주지 않아도 살아야 했기에 어쩔 수 없었다). 반면에 지금은 알아주지 않으면 아이들이 너무 힘들어하는 시대가 되었으니 부모와 교사, 사회 전체가 사고방식을 전환해서 아이들을 대하고 양육하고 교육하는 시스템을 만들기 위해 고민하는 수밖에 없다.

'잘하는 아이가 점령한' 학교와 '엑스트라'의 학교

친하게 지내는 초등학교 교장선생님한테서 긴급 연락을 받았다. 새로운 학교에 부임해서 상황을 보니 기가 막혀서, 거창하게 말하면 학교 컨설팅을 해달라는 것이었다.

수학경시대회에 대표로 나갈 아이, 피구를 포함해 운동을 가장 잘하는 아이, 영어 스피치를 가장 잘하는 아이, 영재교육청에 과학영재로 선발된 아이, 학교 계주대회에서 우승한 팀의 주장. 지금 열거한 항목에 해당하는 아이가 다 같은 아이라는 것이다. 이 아이와 고학년 몇몇이 학교의 모든 행사를 지배하다시피 해왔으며 학교에 무슨 일만 있으면 선생님들도 아이들도 그 아이들을 선발하고 추천해서 나머지 아이들에게는 기회가 아예 돌아가지 않는다고 했다. 요즘에는 공부를 잘하는 아이가 다른 것도 다 잘하는 경우가 많아서 나머지 아이들이 참여할 기회를 만들 생각을 아예 하지 않는 상황이며, 그래서 대다수 아이들의 분위기는 침체되어 있고 수동적이며 잘하는 그룹 아이들과 섞이지 않는 분위기라고 했다.

이 학교는 다소 극단적인 예에 속하기는 하지만 우리네 학교는 지난 수십 년간 소위 '잘하는 아이들'이 지배해왔다고 해도 과언은 아니다. 성적이 우수한 아이들이 밥을 더 일찍 먹기도 하고, 전교 석차 100등

안에 드는 아이들에게만 도서관 자리를 배정하기도 하며, 혼날 일을 해도 공부를 잘하면 쉽게 용서해주는 분위기는 지금도 진행 중인 우리 교육의 모습이다. 학교폭력 자문을 한 경험에 비추어봐도 공부 잘하는 아이가 가해자일 때는 온정적으로 대우하는 일이 드물지 않았다.

학교는 '잘하는 아이'를 편파적으로 좋아해왔다. 아이들의 다양성을 존중하는 데 서투르고 공평하게 기회를 주는 일에 부족했다. 학업이라는 분야에 경쟁을 끌어들여서 우수한 성과를 내는 아이들에게는 기회를 더 주는 특전을 베풀고, 성적에 따른 계층적 지도가 만들어지도록 해왔다.

'잘하는 아이' 그룹에 속하지 못하는 아이들은 마치 그림자나 유령처럼 주목받지 못하고 기회조차 얻지 못하는 부당함을 겪는다. 아이들은 학교가 보통이나 그 이하의 학생들에게는 별 관심이 없다는 것을 이내 알게 되었고 자기가 큰 사고만 치지 않으면 다행으로 여기는 존재가 되었다는 사실도 알게 되었다. 그리고 자신에 대해서 정말로 잘 아는 교사가 없다는 현실도 알게 되었다.

누구의 책임 문제를 떠나서 지금의 학교 시스템은 많은 학자가 주장하듯이 아이들을 존중하는 형색을 갖추고 있지 않으며 하고 싶어 하는 아이, 관심은 있는데 지금은 실력이 조금 부족한 아이에게는 기회가 주어지지 않는다. '엑스트라'들은 자기도 기회를 가지려면 특별하게 잘하거나 그렇지 않으면 아이들 사이에서 인기라도 있어야 한다는 비정한 어른 사회와 같은 현실을 일찌감치 깨닫고 있다.

✏️ 무기력 시스템을 양산하는 일상의 대화 10

1. 평가하기 : 잘 하니, 못하니.

2. 비교하기 : 걔는 이렇다더라.

3. 조건화하기 : 이렇게 하면 해줄게.

4. 다그치기 : 그 정도 하고 했다고 하는 거야?

5. 혼내기 : 혼나고 할래, 그냥 할래?

6. 대신 해주기 : 이리 줘, 네가 뭘 할 줄 알겠니.

7. 막말하기 : 벌레, 쓰레기, 한심한 아이가 되었구나.

8. 사랑 철회하기 : 이러려고 널 낳고 키운 게 아니야.

9. 옛날이야기 하기(꼰대질) : 나 때는 이러지 않았는데.

10. 희망 없음 이야기하기 : 네가 그렇지 뭐. 어쩌겠어, 할 수 없지.

06

무기력의
심리유형별 특징

불가능한 것이란 가능성이 잠을 자고 있는 것이다.
– 알프레드 비온

무기력 심리유형 ① : 아이의 잠재력 도둑질하기(과잉보호 무기력)

"초등학교 때까지는 아주 인기가 많고 모든 것을 잘하는 아이였는데 중학교에 올라가서 뒤처지기 시작하더니 2학년이 되어서는 학교 가기를 꺼렸어요. 급기야 연속적으로 결석을 하더니 밤낮이 바뀌는 생활을 하면서 게임에 빠졌고요."

이 아이에게 일어난 중요한 일들을 천천히 들어보니 중학교에 가서부터 스스로 해내야 하는 일이 힘에 부치기 시작했다. 초등학교 때까지는 부모님의 전적인 지원이 있었고 그 결과가 학교에서도 통했다. 하지만 중학교에 가자 부모님이 대신해줄 수 있는 일에 한계가 생기면서 아이는 이런 현실 받아들이기 힘들어했다. 아이는 자기가 잘 못한다고 생각하는 대신에 학교나 부모님이 문제라고 생각했다. 그래서 학교를 가지 않고 부모님에게 화를 냈으며 그 뒤로는 무기력감에 빠져 지내게 되었다. 한동안 부모님은 초등학교 때 그랬던 것처럼 시험 기간에는 아이와 함께 공부를 하면서 지원하기도 했다. 그러나 이것도 잠깐, 아이는 스스로를 포기하기에 이르렀다.

✏️ **대신 해주기의 비극**

- 아이는 놀고 있는데 숙제를 빨리 멋있게 완성해준다.
- 아이는 힘들어하고 있는데 그 문제를 나서서 해결해준다.
- 아이가 갖고 싶어 하는 물건이 있으면 얼른 사준다.
- 아이가 잘못하면 제대로 혼내야 하는데 빨리 용서해주고 끝낸다.

이 아이의 부모님과 긴 대화를 나누어보니 아이가 태어났을 때부터 형제 가운데 첫째인 아이를 위해서 아낌없이 지원해주었다고 한다. 아이가 레고를 하고 있는데 힘들어하면 빨리 가서 대신 멋지게 완성해주고 공부를 하도록 했으며, 아이가 장난감을 정리하고 있는데 힘들어하면 빨리 가서 대신 정리를 해주었고, 아이가 뭐든 조금만 버거워하면 보고 있기가 힘들어서 대신해주었으며, 불필요한(?) 일들을 시키지 않으려 했고, 아이가 숙제를 하다가 잠들면 마무리를 대신했고, 아이가 갖고 싶어 하는 물건이 있으면 얼른 사주었으며, 혼낼 일이 거의 없었지만 주변에서 꼭 혼내야 한다고 하면 벌을 주고 곧바로 용서해주었다고 한다. 그러면서 아이에게 최선을 다했다고 덧붙였다. 처음엔 부모가 대신해준 일들의 결과가 아주 좋았다. 하지만 중학교에 올라가서는 아무것도 혼자 할 수 없는 아이가 되어버렸다.

과잉보호의 폐해는 아이가 스스로 성취하는 것을 막고 이를 대신해줌으로써 아이가 성취한 것을 없게 만드는 일이다. 그리고 문제는 단순히 여기서 끝나지 않고 부모가 대신 성취해준 결과를 마치 자신의 것인 양 남들 앞에서 의기양양하게 여기게 한다는 것이다. 부모가 해준 것과 자신이 한 것을 구분하지 못하는 착각에 빠짐으로써 가짜 자기가 탄생하는 것이다. 중학교에 가서 이러한 거짓에 자기균열이 생기자 아이는 큰 충격을 받고 무기력해질 수밖에 없게 되었다. 아이는 자신의 명성을 잃고 싶지 않아 했지만 실제로 자신이 해낼 수 있는 능력은 거의 없는 상태라서 어쩔 수 없었다.

크리스토퍼 볼라스Christopher Bollas는 이런 상태를 '부모의 도둑질'이라고 표현했다. 아이는 스스로 할 기회를 도둑질당한 것이다. 그동안 부모로부터 과대포장 당한 자신을 사랑하다가 평범해진 모습을 거울에서 발견하고는 밖에 나갈 수 없다고 고집을 피우고 있는 것이다.

부모의 과잉보호, 대신해주기는 '지나친 사랑'이라는 말로 넘어가기에는 해악이 너무 크다. 아이의 정신과 감정과 능력은 가짜라서 원래 시점으로 돌아가 다시 하나부터 성취를 시작해야 한다. 달리기로 말하면 다른 선수가 대신 뛴 것이니 실격 처리가 되었다. 이미 경주를 시작한 선수들 뒤에서 새로 뛰려니 너무 까마득해서 포기하고 싶어지는 심정과 똑같다.

과잉보호를 하는 부모들에는 여러 유형이 있겠지만 자신의 체면이 중요하거나 자녀의 고통을 참지 못하는 지나친 동일시가 과잉보호를 부른다. 그리고 결과는 아이의 무능력과 무기력으로 나타난다.

무기력 심리유형 ② : 자신감 잘라내기(과잉기대 무기력)

진료실에서 만난 아이는 매우 위축되어서 목소리가 거의 들리지 않았다. 반면에 부모님은 위세가 당당했다. 어머니는 아이를 위해서 자신이 한 것들을 한참 나열했다. 아이는 정말 일찍부터 많은 것을 했지만 끈기 있게 오랫동안 한 것은 하나도 없었다.

패턴은 비슷했다. 부모는 아이에게 무엇을 시키고, 사교육 선생님이나 학교 선생님은 가능성이 있다는 반응을 보이고, 아이는 조금씩 해나가고, 부모는 끊임없이 감시하고 조언하고 비판하고 평가하면서 높은 포부를 아이에게 전달한다. 아이는 슬슬 확인받고 검열받는 것이 지겨워져서 힘들어하다가 못하겠다, 힘들다고 나자빠진다. 부모는 아이를 혼내고 잠시 쉬게 했다가 다시 아이가 할 만하다는 것을 찾아낸다. 아이는 또 시작한다. 유치원 때부터 중학교 때까지 이것저것, 이 학원 저 학원, 이 선생님 저 선생님을 전전한다. 그리고 이 과정을 수없이 반복했다.

지금 아이는 그야말로 학교를 왔다 갔다만 하고 있다. 혼나도 꿈쩍하지 않고 음식을 잘 먹지도 않아서 저체중 상태다. 의욕도 없고 원기도 없어서 무엇을 할 수 있는 상태가 아닌 것처럼 보였다. 아이에게 어떠냐고 물었다.

"전 이제 아무것도 시작하지 않을 거예요. 시작하는 순간 엄마도 병이 나고 나도 병이 나요. 이 치료도 별로예요. 그냥 선생님이 엄마에게 불치병이라고 포기하라고 해주세요."

엄마는 선수의 잠재성을 찾아내고자 하는 코치, 재능의 단서를 발견하고자 하는 탐정 같았다. 감시하고 평가하기를 즐기는 것처럼 보이는 이 엄마는 아이가 욕망을 갖기만 하면 그 욕망을 부풀려놓고 채찍질했다. 아이는 마치 기대의 채찍에 너무 맞아서 등짝이 닳아 없어진 것처럼 여위고 말았다.

"나는 내가 무엇을 할 수 있다고 생각하는 순간 힘들어져야 해요. 내버려두질 않으니까요."

아이가 하는 일에 엄마가 끊임없이 개입하고 측정하고 평가함으로써 아이에게는 엄청난 수행 공포가 생겼다. 누가 자신을 주시하고 있다는 느낌은 아이의 몰입을 방해했고, 높은 기대감을 표시할 때마다 두려움은 더 커졌다.

사람은 평가로부터 자유로워져야 제대로 능력을 발휘할 수 있다. 캐롤 드웩이 말했듯이 평가에 목표가 있을 때보다 흥미에 목표가 있을 때 훨씬 높은 성취를 보인다. 어른이 해야 할 더 중요한 일은 평가가 아니라 흥미를 돋궈주는 것이다. 잘하지 않으면 할 필요가 없다고 말하는 부모는 아이를 무력하게 만들며, 끊임없이 아이를 주시하면서 평가하고 모든 것을 부모가 결정하면 아이는 자신을 알 수 없게 된다. 한마디로 자신을 드러내기, 꺼내 보이기가 두려워진다. '이왕 할 거면 제대로 해야 된다'라는 생각의 근저에 부모의 열등감이 있다면 아이들의 흥미를 존중하지 않게 된다. '흥미와 존재'가 '쓸모와 생존'에 말살되는 일은 에리히 프롬에 따르면 '쓸모'라는 조건적인 사랑에 길들여져 있기 때문이고, '존재'로서 사랑받지 못했기 때문이다.

무기력 심리유형 ③ : 존재감 없애기(방임·결핍 무기력)

방임은 아이의 성장에 가장 나쁜 결과를 초래하는 심각한 아동학대 가운데 하나다. 방임이란 부모가 아이를 잘 보살피지 않고 관심을 주지 않으며 제대로 크도록 돕지 않는 것을 말한다. 무관심과 애정결핍의 결과로서 아이는 자신의 발달 과제를 성취하지 못하게 될 뿐만 아니라 큰 상처를 입고 남은 인생을 살아가게 된다.

영유아기 및 초기 아동기에 시작된 방임, 즉 부모가 제대로 돌보지 않거나 폭력을 휘두르거나 충분한 사랑을 주지 않아서 생기는 이 크나 큰 결핍은 아이들을 일찍이 무기력하게 만든다. 신뢰할 만한 애착 관계 가 형성되지 않아 다른 사람들과도 관계 형성이 어렵고 매사에 자신감 이 없으며 박탈감과 피해의식에 시달린다. 그래서 무기력하기도 하지만 무능력해지는 경우도 많다. 어떤 아이들은 무정하고 무감동한 상태로 인해 감정적 교류가 아예 불가능한 지경에 이르기도 한다.

이 오래된 무기력에는 내면적으로도 다양한 도움이 필요하지만 외부 적으로도 지원이 필요하다. 특별하고 세심한 지원이 없으면 장기간 무 기력한 채 지내는 불행한 결과를 낳을 수 있기 때문에 꾸준한 사회적 돌봄만이 유일한 답이다. 돌봄의 결핍으로 발생한 무기력인 만큼 가족 처럼 충분하지는 않더라도 결핍을 최소화하려는 사회적 노력이 중요한 것이다.

방임된 아이들이 무기력해지는 것은 어찌 보면 당연한 결과다. 위니 캇은 아이는 엄마의 사랑만큼 자신을 알게 된다고 했는데 돌봄의 결 핍, 모성의 결핍은 자신의 존재를 잘 알지 못하게 만들고 자신의 존재 감 자체에 의문을 갖게 만들기 때문이다. 이 존재적 불안감이 아이를 무기력한 상태에서 벗어나지 못하게 하는 요인으로 작용한다.

최근에는 맞벌이가 늘어 부모가 다 바쁘고 힘들어지면서 아이를 정서적으로 돌보는 데 어려움을 겪는 가정이 많다. 빈곤 가정뿐만 아니라 중산층 가정에서도 부모들의 사정으로 정서적으로 메마르고 활기가 부족한 아이들, 겉으로 보기에는 별 문제가 없는 것 같아도 무기력해져 있는 아이들이 많다.

　볼라스는 아동기는 그럭저럭 지나가지만 청소년기에 갑작스럽게 무기력해지는 아이의 가정을 언급하면서 이런 가정의 특징(정상화증후군 성격)을 다음과 같이 설명했다.

- 반영해주지 않기 : 아이의 느낌을 반영해주지 않는다.
　　　　　　　　　　반영이 없거나 안아줌이 기계적인 양육
- 놀아주지 않기 : 　놀이를 하면 놀이를 끝내게 한다.
　　　　　　　　　　성찰이나 느낌, 창의성을 북돋워주지 않는 양육
- 아이를 가정이라는 틀에 맞추기
- 의례적으로 키우기, 시간표에 맞추어 키우기
- 사실에 입각해 훈육하기
- 깊이 있는 감정의 교류가 없는 양육
- 부모가 아이에 대한 반응을 회피하는 양육
- 누군가를 위한 좋은 대상이 되고 거기에 따른 보상으로 자라남
- 아이 혹은 사람의 가치는 단지 자기의 외적 기능(공부)에 의해 평가
- 외적 기능에 문제가 없으면 문제가 없는 것으로 평가

얼마간 추상적인 표현으로 설명이 되었는데 쉽게 말하면 서로 아끼고, 사랑하고, 보고 싶어 하는 등 감정적 교류를 하지 않고 시간표를 짜서 할 일만 하게 하는 가정이다. 재미있게 같이 놀아주는 시간이 없고, 영화나 미술관은 숙제 때문에 다녀와서 감상문이나 과제를 제출하면 그만이지 서로 소감을 이야기하지 않으며, 공부만 잘하면 되고, 잘하면 상을 주고 못하면 관심이나 지원을 단절하는 상태의 가정이다.

이런 환경에서 자라난 아이들이 청소년이 되면서 본인의 주체성, 정체성에 대한 도전, 감정상의 조절이 어려운 상황과 맞닥뜨리면 무엇을 어떻게 해야 할지 모르는 상태가 되어 수행 능력, 즉 외적 기능(공부)이 떨어지면서 차츰 무기력해진다. 정서는 사람의 기본 감정이자 인생을 살아가는 에너지인데 정서적 교류가 없으니 무기력해질 수밖에 없다.

우리 주위에 이렇게 겉으로는 정상인 것처럼 보이지만 정서적으로 메마른 가정이 늘어가고 있다. 나는 한 아이의 표현을 빌려 이런 가정을 '공지사항 가정'이라 부른 적이 있다. 마치 하나의 회사처럼 중요한 공지사항만 공유하고 각자 자기 할 일을 충실히 하면 '굴러가는' 것처럼 무미건조하고 의지할 데 없는 가정, 그래서 힘든 문제가 생기면 각자 해결해야 하는 가정. 이런 '공지사항 가정'에서 정서적인 문제가 생기면 아이들은 급격히 '기능'이 떨어져 어쩔 줄 몰라 하는 상태가 무기력으로 이어진다.

피상적으로는 정서적 메마름이 문제인 것처럼 보이지만 이런 가정의 이면에는 진지한 관계를 회피하려는 뿌리 깊은 내막이 숨어 있다. 가령 부모가 결혼을 의례로 한 것이라서 자신들의 정서를 결혼 생활이라는 구조에 반영할 만한 의사나 친밀함을 나눌 근거가 부족한 경우다. 청소년기에는 다양한 도전이 여러 차원에서 발생하는데 친밀한 인간관계에 의지해서 문제를 풀어갈 수 없을 때 아이들은 공허해지고 무기력해질 수밖에 없다. 관심과 애정과 돌봄을 제대로 받지 못하는 아이들, 즉 사랑받지 못하는 아이들의 무기력은 어렸을 때 부모와 더 시간을 보내고 싶고 부모와 같이 놀고 싶은데 충족되지 못한 데서 생긴다.

사례를 하나 들어보자. 교사인 엄마가 방학 때 연수를 가려고 한다. 아이는 엄마랑 같이 있고 싶은 심정에 "엄마 개학이 며칠 안 남았는데 또 연수 가게? 이번엔 가지 말고 그냥 나랑 놀자"고 말한다. 이때 엄마는 "안 돼. 너도 오전에 학원 갔다 와야 하고 바쁘잖아. 애기처럼 왜 그래, 초등학교 4학년이면 다 컸는데?"라고 대답한다. 다음번에 엄마가 또 어디에 가려고 하면 이번에는 아이가 전날부터 안 된다고, 자기랑 놀러 가자고 심하게 조르며 투정을 부린다. 그러다 안 되면 저항, 공격, 분노를 표현한다. "그런다고 엄마가 안 갈 줄 알아? 엄마도 다 필요해서 하는 거란 말이야." 엄마는 나름 대항해보지만 아이는 심하게 좌절해서 이렇게 말할 수 있다. "엄마는 나보다 공부가 더 중요해? 엄마는 나보다 다른 사람이 더 중요해?"

이런 상황이 몇 번 반복되면 엄마는 처음부터 말도 안 남기고 나가려 하고 아이는 급기야 "엄마, 나 아파" 하며 붙잡고 늘어진다. "나 불쌍하지 않아? 나 오늘 밥 안 먹을 거야." 그래도 엄마는 "안 먹기는 왜 안 먹어. 배고프면 피자 한 판을 다 먹는 놈이.” 그러고는 또 나가버린다. 이쯤 되면 아이는 이제 아무 감정도 없고, 아무 요구도 하지 않는 상태에 이르러서 엄마가 어딜 간다고 해도 그러든지 말든지 하는 심정이 된다.

비슷한 상황은 부부 관계에서도 벌어진다. 퇴근 시간쯤 아내가 남편에게 문자를 보낸다. “오늘 일찍 와?” “아니, 약속 있어.” “또 술?” “그렇지 뭐.” “12시 전에는 들어와라. 넘으면 안에서 잠금장치 잠가버린다.” 그러다 12시가 넘으면 “아예 자고 오셔” 하고는 끝!

제대로 된 싸움조차 하지 않을 정도로 감정이 메말라버린 상태를 ‘무정affectionless’이라고 하는데 아이들이 이런 관계를 반복적으로 경험하면 더는 요구할 필요가 없다는 것을 깨닫고 혼자 지내는 노선을 선택하게 된다. 이런 일들은 아이가 더 어렸을 때부터 ‘엄마(아빠) 술 먹으러 나간다’, ‘엄마(아빠) 친구 만나러 나간다’ 하는 식으로 반복적으로 일어났을 가능성이 있다. 아이는 처음에는 요구하고, 저항하고, 공격하고, 불쌍한 척하면서 온갖 감정을 표출하지만 그래도 들어주지 않으니까 무덤덤하고 무감각하게 고통을 느끼지 않는 상태에 머무르는 것을 자기 삶에 고착화시킨다.

존 볼비John Bowlby는 고아원에 있는 아이들을 통해 이런 현상을 관찰하고 애착이 어떻게 병적으로 변모해가는지를 관찰했다. 아이들은 아무 기대도 않는 상태에서 학교에 오고, 집에 가고, 학교에서나 집에서 내내 그런 상태로 지내게 된다. 이런 아이들은 누군가와 깊은 애착을 맺으면 같은 과정을 반복할까 봐 두려워서 차라리 관계 자체를 맺으려고 하지 않는다. 그리고 마치 오랫동안 혼자 살아서 누군가를 대하는 것이 불편해진 사람처럼 계속 신호를 보낸다. '나는 괜찮으니까, 나는 이대로 지낼 거니까, 나를 어떻게 하려고 하지 마….'

사랑한다는 신호가 성가시고, 믿을 수 없고, 어색해진 무기력 아이들에게 관심과 애정을 보이면서 잘해보려고 해도 싫다고 도망가는 것은 이미 앞의 과정이 있었기 때문이다. 아주 오랫동안 애착 관계에서 받은 좌절감이 마음에 고착돼서 관계를 맺는 것 자체에 관심이 없는 아이들에게는 조심스럽게 다가가는 것만이 방법이다. 혹시라도 열정적인 교사가 무턱대고 "네가 과거에 이런 경험 때문에 지금 무기력하게 지내는 것 같은데 우리 잘할 수 있어. 자, 하이파이브!" 하면서 다가가면 아이는 어이없어하며 "저한테 왜 이러세요?" 하고 뒤도 돌아보지 않고 도망갈지 모른다.

이런 아이들에게는 관계를 맺는 것, 무기력하게 지내지 않는 것이 더 어색하다. 오랫동안 불행하게 지낸 사람들이 행복한 감정을 느끼면 어색하게 여기는 것처럼 누가 나를 긍정적으로 표현해주는 것이 이상해서 견딜 수 없고 자기감정을 표현하는 것이 자연스럽지 않다. 이럴 때 '어, 잘해보자는데 얘가 뻗대네?' 하고 금세 부정적인 자세를 취하면 아이는 더 움츠러들고 피하다가 아예 학교에 안 나오게 될 것이다.

무기력 심리유형 ④ :
모험과 도전을 허락하지 않는 부모와 사회(순응 무기력)

"지금까지 저는 엄마, 아빠의 기대를 한 몸에 받으며 자랐어요. 초등학교 때부터 엄마가 짜놓은 시간표대로 움직였지요. 학교 수업이 끝나면 수학과 영어는 기본이고 피아노, 미술, 발레 학원에 다녀야 했어요. 중학교 때도 그렇고, 고등학생이 된 지금도 학원만 조금씩 바뀌었을 뿐 여전히 엄마의 계획표대로 살고 있어요. 어렸을 때는 잘한다, 천재다 하는 말을 듣는 게 재미있어서 했는데 지금은 제가 좋아서 하는 건지 시켜서 하는 건지 잘 모르겠고 정말로 제가 잘하는 게 뭔지도 모르겠어요. 그동안 아무 색깔도 없이 그냥 맹물처럼 산 것 같아요."

'맹물처럼 살았다'는 이 한 마디는 아이의 현재 삶과 심정을 그대로 대변한다. 부모의 기대가 들어올 때는 물감이 퍼지듯이 자기도 정말 잘할 수 있을 것 같았고 그럴 수 있는 사람인 줄 알았는데 시간이 지나면서 그 모든 것이 탁 가라앉는 것 같다고 했다. 자기가 누구인지 몰라서 지금은 아무것도 안 하고 아무리 내 색깔이 무엇일까를 생각해봐도 무엇을 좋아하고 무엇을 해야 할지 전혀 떠오르지 않는다고 했다. 돌이켜보면 역설적이게도 자기 인생은 온통 자기가 무엇을 좋아하는지 '잘 모르게 만드는 과정'이었고 그 대신 영어와 수학을 억지로 좋아해야만 하는 과정이었다고도 했다.

아이가 자기 인생은 '내가 무엇을 좋아하는지 오히려 잘 모르게 만드는 과정이었다'고 한 대목에서 마음이 참 아팠다. 아이는 아무것도 안 하고 지내면서도 영어, 수학에 대한 걱정을 했다. 부모님과 주변 사람들이 "네가 나중에 뭐가 될지는 모르겠지만 대학에는 들어가야 하니까 영어, 수학만은 놓치 말아야 한다, 대학을 가려면 무조건 해야 한다"고 말했기 때문이다. 그래서 무엇이 될지는 잘 모르겠지만 영어와 수학만은 인터넷 강의를 끊어놓긴 했으나 듣지는 않고 있다고 했다. 이 아이는 지금 마지못해 학교에는 다니지만 앞으로 자신이 무엇을 해야 할 것인가를 찾으며 알에서 깨어나고 있는 중이다. 물론 어른들의 눈에는 무기력한 채 아무것도 않는 것처럼 보일 것이다.

주변의 기대를 듬뿍 받고 자랐으나 자신의 색깔은 없다는 이 여고생처럼 '내'가 아니라 '타인'의 욕망을 채워주는 대상으로 살아가는 아이들이 있다. 욕망의 대상이 될 것인가, 욕망하는 사람이 될 것인가는 한마디로 엄마가 하자는 대로 할 것인가, 내가 하고 싶은 대로 살 것인가의 문제이기도 하다. 자기 욕망이 강한 엄마들은 사교육 시스템을 통해서 일찌감치 '자녀를 어떻게 키울 것인가'에 대한 기획을 끝내놓는 경우가 많다. 교장선생님이 1년 동안 학교를 어떻게 운영할 것인지 미리 계획을 세워놓는 것처럼, 혹은 열정이 넘치는 교사가 '아이들이 이렇게 됐으면 좋겠다'는 생각대로 새로 맡은 학급을 어떻게 운영할 것인지 미리 계획을 세워놓는 것처럼 말이다. 그러면 자녀나 학생들은 그냥 이런 엄마나 선생님을 따라가기만 하면 된다. "너는 생각 안 해도 돼. 엄마(선생님)가 다 해놨어." 엄마든 선생님이든 따라만 가면 되는 것처럼 지내는 아이들. 성공의 비결은 엄마만 믿고, 선생님만 믿고 따라가는 것.

아이는 '생각하는 존재'가 아니라 '실행하는 존재'에 불과하니까 꿈을 꿀 필요가 없다. 꿈은 엄마가 꾸고, 선생님이 꾸면 되니까 말이다.

욕망이 큰 사람들은 다른 사람이 스스로 하게 내버려두지를 못한다. 이것이 똑똑한 엄마나 훌륭한 교사들이 겪는 오류 가운데 하나이기도 하다. 내가 훌륭한 것을 너무 많이 알아서, 나한테는 금과 은과 진주밖에 없어서 상대가 가진 청동 따위로는 아무것도 제대로 할 수 있을 것 같지가 않다. 그러니 아이가 자신만의 꿈을 꾸는 것은 쓸데없어 보이고, 자신이 나서서 모든 것을 진두지휘하지 않으면 직성이 풀리지 않는다.

이럴 때 아이는 자신의 욕망을 갖지 못하고 타인의 욕망을 채워주는 대상으로 전락하게 되고, 몸은 내 것이어도 꿈은 엄마의 것이니까 실제로 아이의 영혼은 엄마가 지배하고, '나'는 그저 엄마의 욕망을 실현시켜주는 대상에 지나지 않는다. 엄마가 학원도 다 알아서 정해놓고 좋다는 상급 학교에 보내려고 이사와 전학도 결정한다.

진짜 욕망을 가린 채 현실에서 텅 빈 상태로 살아가야 하는 아이들, 즉 자기 욕망이 비어 있는 아이들은 두 부류로 나눌 수 있다. 하나는 뭔가를 받아본 적이 없는 아이들, 빈곤 가정의 만성박탈형 무기력 아이들로 이 아이들은 욕망의 재료로 받은 것이 없어서 "너도 의견 좀 내봐" 하면 "저는 의견이 없는데요?" 하거나 "사람들이 그러는데, 이게 좋대요" 하는 식으로 대답한다. 또 하나는 자신이 욕망하는 것이 무용하다는 입장을 갖는 아이들이다. 자신의 욕망과 무관하게 엄마가 욕망하는 것을 하게 될 테니까 말이다.

어느 유형이든 다른 사람의 욕망의 대상으로 지내면서 아이들은 시키면 시키는 대로 주면 주는 대로 부모나 교사 쓴 각본이라는 트랙 안에서 맴도는 삶을 살게 된다. 그리고 여기서 가장 강조되는 미덕은 '순종'이다. 순종은 필연적으로 초등 고학년부터 내면에 갈등을 불러일으키지만 어떤 아이들은 부모에게 압도되어 불복종은 꿈도 꾸지 못한다. 극단적인 철학자들은 이런 삶을 '노예의 삶'이라 보기도 했다. 자신은 생각하지 않고 몸만 움직이는 처지를 노예와 다를 바 없다고 본 것이다. 순종의 삶에서 모험이나 도전은 금기에 해당한다. 시키지 않은 일을 해서는 안 되고 주지 않은 것을 가져서는 안 되고 트랙을 벗어나면 안 되는 삶을 고스란히 받아들이고 사는 아이들을 우리는 보통 '착하다'고 말한다.

거부와 거절, 불복종 없는 삶을 살아가던 아이들에게 어느 날 갑자기 '너는 무엇을 하고 싶니?', '책에 나오는 이야기나 어른들의 생각 말고 네 생각을 말해봐'라고 하면 공황 상태에 빠진다. 중학교나 고등학교 진학을 준비하면서 논술이나 면접에서 '너의 생각을 말해보라'고 할 때 자기 생각을 가져보지 못했고 나의 생각이 그렇게 중요하게 다루어져본 적이 없었던 아이들은 가슴이 무너져 내린다.

'나는 어디에 있는 거지?', '내 생각은 뭐지?' 내 생각을 찾는 법보다 부모의 생각, 선생님의 생각을 읽는 데 숙달된 아이들은 나의 '텅 빔'을 '무기력'으로 답한다. 아이들은 마치 자신의 주 종목이 100미터 달리기인데 마라톤 경기장에 와 있다는 태도를 보이며 내 종목이 아니니 달릴 수 없다고 버틴다. 또는 분노에 차서 이제 와서 다른 경기를 하라고 하면 어떻게 하냐면서 결국 경기를 포기한다. 그리고 우리는 이 포기에 '무기력'이라는 이름을 붙인다. 대안학교 서머 힐Summer Hill을 세운 니일 Neil Alexander Sutherland은 '어른은 사랑을 줄 수는 있지만 생각을 줄 수는 없다. 생각까지 주려고 하지 말라'고 했는데 아이에게 모든 것을 줘놓고 결국 무기력을 돌려받고 있다.

모험도 도전도 사라진 채 주어진 삶, 시켜서 하는 삶을 살며 정해진 길만 걸어온 아이들에게는 혼자 살아갈 힘이 없다. 고정적으로 설계한 틀에서 생활해온 인생에 던지는 답 없는 질문은 아이들을 무기력하게 만든다. 얄궂게도 이론보다 풍부한 현실은 답이 정해진, 답이 있는 삶을 살아온 아이들에게는 '답 없음'이다. "답을 모르겠어요, 답이 없다고요!"라고 외치는 것이다.

무기력 심리유형 ⑤ :
고통을 마취하는 확실한 방법, 중독(중독 무기력)

무기력한 청소년, 특히 남자아이들이 학업에 흥미를 잃어갈 때 이주해서 머무르는 집이 '인터넷'이다. 인터넷으로 게임도 하고 웹툰도 보고 예능 방송을 무한 시청하기도 한다. 잠을 설치는 날이 부지기수고 핸드폰은 손에 붙어 있다시피 한다. 학교에 가서는 잠을 실컷 자고 방과 후에는 살아나서 피시방에 들렀다가 집에 돌아와서는 또 스마트폰을 쥐고 침대로 들어가는 생활의 반복. 뒤늦게 게임이나 스마트폰에 중독되는 아이들은 일찌감치 게임을 시작해서 고전적인 의미의 게임중독이 된 아이들과는 조금 다르다. 이 무기력 그룹은 성적이 떨어진 어느 시점 이후에 본격적으로 뛰어들어 더러 게임을 아주 잘하는 아이도 있지만 대체로는 그냥 그런 정도고, 자신은 물론 부모의 기대에 못 미쳐 낙심해서 게임으로 숨어버린 경우가 대다수다.

게임은 잘 알려졌다시피 잃어버린 성적을 대신해서 신분 상승, 레벨업을 통한 대리 만족을 경험하게 해주는 또 다른 인생 리그다. '성적은 하락, 레벨은 상승'이라는 게임에서의 대리 만족은 게임의 세계에 있을 때에는 어느 정도 효과적이지만 현실 세계로 돌아오면 아주 불편한 느낌을 준다. 그리고 그럴수록 게임에 대한 집착은 높아지고 현실에서는 더더욱 무기력해지는 악순환을 반복하게 될 수밖에 없다.

게임이 대리 만족이 되지 않는 아이들도 있다. 자신이 생각하는 만큼 레벨이 올라가지 않거나 잘한다는 평을 듣지 못하지만 그래도 게임을 하는 동안에는 모든 현실을 빠르게 잊을 수 있으니까 아무 생각 없이 하고 있는 것뿐이다. 게임에 몰두해 있으면 다른 생각이 주는 고통을 느끼지 않을 수 있어서 현실을 잊거나 불안을 가라앉히는 데 효과적이기 때문이다. 이런 점에서 게임은 어떤 아이들에게는 진통제 같은 역할을 한다. 진통제 역할만 하는 것이 아니라 자신의 정서 상태를 전환시켜주어서 일종의 신경안정제가 되기도 한다.

가바드Glen O. Gabbard라는 미국의 정신과 의사는 오랜 기간 게임에 빠져 지내는 아이들의 문제를 '정체성 실험 회피'라고 진단한 바 있다. 자신이 몸으로 부딪혀서 풀어야 할 문제, 일정한 고통을 통해서 돌파해야 할 문제를 회피하는 데 게임을 이용한다고 했다.

게임뿐만 아니라 웹툰이나 온갖 예능 프로그램을 스마트폰이나 컴퓨터로 계속해서 보는 아이들도 마찬가지다. 무엇을 해야 할지 모르는 많은 시간을 견디기 위해서는 자극적이고 웃기고 재미있는 대상이 필요하다. 당면한 현실을 회피하면서 시간을 보내려면 시간 감각과 현실의 무게를 마비시키거나 상쇄시켜줄 무언가가 있어야 하기 때문이다. 멍하니 모니터 앞에 앉아 있는 것만큼 감각의 왜곡을 효과적으로 확실하게 보장해주는 것이 없다.

게임, 웹툰 그리고 예능 프로그램 시청을 통해 아이들은 시간을 죽이고 자기 존재를 죽이면서 정신적 고통을 피한다. 즉, 고통을 피하기 위해 선택한 무기력이라고 할 수 있다. 이 고통을 마주할 만한 대안이 생기기 전까지는 중독치료자 칸지언Khanzian의 말처럼 '자신의 고통스런 감정에 따라' 메뉴를 골라 게임도 하고, 게임 중계도 보고, 웹툰도 보고, 예능 프로그램도 돌려볼 것이다.

그리고 현실에서 남는 것은 아무것도 안 한 것이다. 다르게 비유하면 청소년기를 술만 먹고 지낸 것과 다를 바 없다. 술 먹고 자고, 술 먹고 자고를 반복한 것이다. 그래서 이런 시기를 보내고 나서 여하한 이유로 깨어난 청소년들과 상담을 하면 이렇게 말한다. "아무것도 기억나지 않아요, 아무것도 한 게 없어요." "추억이라곤 없어요. 게임하는 것 말리

115
Part 1 무기력 시스템 이해하기

는 부모님과 싸운 것, 돈 훔친 것, 밤새 스마트폰 보다가 지각해서 혼난 것, 학교에서 자다가 선생님한테 혼난 것 말고는."

가끔 이 시기에 무기력하게 시간을 죽이며 자학하는 방식으로 게임을 하는 아이들에게 게임 자체가 희망이 될 수 있느냐는 질문을 하시는 분들이 있는데 아주 극소수를 제외하고는 본인들 스스로가 게임을 희망으로 여기지 않는다. 알코올중독자에게 술이 긍정적 희망이 되지 못하듯이 청소년기의 게임중독자에게 게임은 희망이 되지 않는다. 그저 무기력하고 무욕에 시달리는 청소년기에 고통을 덜 느끼기 위해, 무감각하게 보내기 위해 사용한 도구에 불과하다.

중독자가 중독 물질을 하지 않고 있을 때의 일상은 무기력 그 자체라서 견디기 힘들 만큼 고통스럽다. 다시 중독 물질을 주입해야 현실을 버틸 수 있기에 그에 대한 집착이 그나마 위안을 준다. 희망 없는 현실, 성취 없는 과업, 무엇을 해야 할지 모르는 공황을 피하기 위해 선택한 활동 그리고 게임하느라 다른 것을 못했다는 핑계와 변명으로 삼기에 적합한 것이 곧 게임이다.

이런 아이들에게 '너 게임 중독이지?'라고 하면 아이들은 한편으론 화를 내지만 또 한편으론 안도하기도 한다. 중독이라는 말에 대한 거부감은 있어도 게임 때문에 내가 망가진 것이라는 명목을 얻을 수 있기 때문이다. 오히려 아이들에게 치명적인 것은 '너, 성적 떨어졌다고 낙심해서 게임하면서 회피하고 있는 거 아냐?'라는 근본을 파고드는 질문이다. 마찬가지로 '어떻게 하면 게임을 줄일 수 있을까?'보다 '네가 할 수 있는 일을 함께 찾아보자'라는 말이 더 두려움을 불러일으킨다. 게임이 회피이며, 도전하지 않고 숨으려는 마음이 본질이라는 것을 직면시키는 일은 새로운 고통을 불러올 수 있다. 게임 때문에 씨름하는 것은 익숙한 고통(부모와 지금껏 해온 오랜 노하우가 있는)인 반면에 새로운 삶에 대한 도전은 다가올 또 다른 공포와 고통을 예고하기 때문이다.

게임은 때때로 아이들에게 확실한 위장술이다. 무엇을 하는 것이 두려울 때 숨어버리기 좋은 차폐물로서 기능한다. 게임을 하다가 피곤해서 늦게까지 자고, 지각하고, 욕먹을 수 있는 구실이 돼주기도 하고, 또 부모의 기대에 부응하지 않는 모습을 보일 수 있는, 즉 부모를 실망시키는 확실한 만병통치약이다.

나도 아이들과 오래 상담하면서 한참 뒤에야 이런 '심리게임'을 깨달았는데 심리게임의 하나로 중독 현상을 보이는 아이들과 그렇지 않은 아이들 사이에는 확실한 차이가 있다. 특히 입원한 상태에서 지내는 아이들의 모습을 보면 게임 이야기를 할 때 쾌감, 승리에 대한 집착, 아이템 거래를 포함해서 기술의 차이, 게임에 갖는 환상 등이 다르다. 뒤늦게 게임으로 도주해간 아이들은 이런 면에서 게임에 중독된 아이들에 비해 쾌감의 정도와 집착이 낮고 게임 기술도 높지 않으며 다만 게임에 대해 갖는 환상만 비슷한 모습을 보인다. 게임에 대한 몰두가 일차적인 경우와 이차적으로 회피의 수단으로 삼은 차이라는 것을 알 수 있다. 그래서 게임을 찾는 정도, 게임을 하고 싶어 하는 정도, 금단현상이 덜

하다. 이 아이들이 회피하는 것은 '무엇을 열심히 한다는 것'이고, 또 그렇게 하는 데 필요한 '인간관계'다. 잠깐 아이와 상담한 내용을 보자.

아이 게임 안 하고 지낼 수도 있어요. 그런데 그걸 안 하면 뭐하고 지내요? 제가 할 수 있는 게 없고 시간을 보낼 방법이 없거든요.

상담자 그냥 다른 아이들과 비슷하게 지내면 되는데. 학교에 가서 수업 듣고, 학원에 가고, 주말에 가끔 게임하고.

아이 그렇게 하면 제가 다시 힘들어져요.

상담자 지금도 너를 포함해서 가족이 다 힘들어하는 것 같은데.

아이 그렇게 힘든 것과는 달라요. 제가 무엇을 시작하면 저도 저 자신을 견디기가 힘들고, 처음엔 가족도 안심하겠지만 또 힘들어할 게 뻔해요. 지금처럼 지내는 게 오히려 덜 힘들어요. 무엇을 다시 시작한다는 것이 더 두려워요.

물론 게임에 대한 환상과 가짜 정체성으로 인해 혼란을 겪는 아이들도 있다. 과다한 게임으로 몇 번에 걸친 부모와의 약속을 어긴 후에 입원한 아이가 있었는데 게임을 하다가 공부를 다시 할 수 없는 이유에 대해서 이렇게 말했다. "게임에서는 내가 실력자예요. 비싼 검도 득템했고, 멋진 슈트를 입고 새벽까지 게임하면서 많은 사람을 돕고 또 많은 아이템을 얻었어요. 무사답게 게임을 끝내고 간신히 잠들었단 말이에요. 그런데 아침에 엄마가 깨워서 억지로 일어나 후줄근한 교복을 입고 학교에 가서 좁은 책상 앞에 앉아서 펜을 잡으면 정말 폼이 안 난다고요. 선생님은 모르시지요? 그냥 이렇게 이해하시면 돼요. 백화점에 가서 명품을 살 돈이 있어서 아래위 쭉 빼입고 있다가 갑자기 볼품없는 유니폼 같은 거 입고 허드렛일 하라고 하면 기분이 어떻겠어요? 그런 기분이라고요. 그래서 그냥 잠이나 자는 거예요. 자다가 걸리면 혼나고. 그냥 모든 영웅들에게는 탄압과 시련이 있었다, 그렇게 생각하고 말아요. 학교에 가 있으면 인간이 얼마나 초라해지고 비참해지는지, 그 기분은 뭐라 할 수가 없어요."

이런 아이들의 착각과 집착을 다루려면 시간이 필요하다. 헛되이 고조된 느낌을 달래서 서서히 현실의 계단을 밟고 자신을 찾는 방향으로 나아가도록 하려면 장기간 상담이 필요하다. 갑자기 달려들어 아이의 정체성을 발가벗기고 현실을 직면시키면 아이는 그 초라함과 비참함을 대체할 수 없어서 심각하게 무기력해진다. 긴 무기력의 후유증을 끙끙 앓아내야 한다. 초라하지만 아이 자신의 품위를 찾아줄 수 있는 대체물이 필요하고, 그것을 비교적 빨리 찾아낸다면 아이는 조금씩 현실에 다시 발을 담그고 무기력 상태에서 벗어날 수 있을 것이다.

07

무능함을 보여주는
회피와 4가지 패러다임

아이들이 자신을 하찮은 존재로 느끼게 함으로써
스스로를 싫어하고 증오하게 만들고, 고통 속에서 무기력해진 아이를
이번에는 게으르다고 혼내면서 이 또한 사랑이라고 한다.

– 김현수

회피, 하는 것보다 하지 않는 것이 낫다

아이들이 무기력하게 행동하는 이유 가운데 하나는 '회피'라고 한다. 회피, 무엇을 회피하려는 것일까? 바로 고통이다. 사람이 성장하려면 무언가를 해야 하는데 즉 무기력한 채 지내지 않으려면 무엇이든 해야 하는데, 무기력한 아이들은 무엇을 해야 할 때의 고통을 감당할 수 없을 거라는 두려움에 휩싸인다. 가령 지금 수학의 기초가 없는 아이에게 수학을 공부하라고 하면 십중팔구 어느 수준까지 오르는 동안에 견뎌야 할 고통과 결과를 걱정해서 해야 할지 말아야 할지 심각한 고민에 빠지거나 안 하겠다는 대답을 내놓을 것이다. 아이들은 고통을 견뎌야 한다는 사실 자체를 두려워하고 무서워한다.

혹시 무기력한 아이에게 이렇게 질문해보라. "너, 무능력하고 무기력하다며? 그런데 게임을 할 때 보면 힘이 철철 넘치던데 그게 말이 되냐? 게임할 때는 안 그러면서 공부할 때는 왜 그러는데?" 그러면 아이는 아마 이렇게 대답할 것이다. "게임에는 마법이 숨어 있어요. 게임을 하고 있으면 제가 막 성장한다는 느낌이 들거든요." 게임을 할 때도 물론 전혀 힘들지 않다고 할 수는 없겠지만 공부할 때의 고통과는 비교가 안 되는 것이다.

지금 아이들 사이에서 유행하는 게임 가운데 등급을 브론즈, 실버, 골드, 다이아, 플래티넘, 챌린지로 나누는 것이 있는데 공부에 빗대면 (또 등수로 대치해서 미안하지만) 400등으로 시작해서 조금만 열심히 하면 300등으로 오르고, 200등으로 오르고, 100등으로 오르고, 여기서 조금만 더 열심히 하면 전국경시대회에 나갈 정도의 실력이 되는 게임이다.

어떻게 보면 게임은 아이들이 성장하고 싶어 하는 욕구를 그대로 표현하고 그 성장에 뒤따르는 고통까지 반영하고 있다고 볼 수 있다. 게다가 아이들의 말에 따르면 공부는 반드시 기초를 필요로 하는데 게임은 그렇게 대단한 기초가 필요치 않다고 한다. 웬만한 남자라면 누구나 할 수 있는 시스템을 갖추고 있으면서도 늘 상당한 보상이 다양하게 제공된다고 한다.

결국 무기력한 아이들은 자신이 크고자 하는 욕망을 현실에서는 실현하기 어려우니까 낮에는 학교에서 무기력한 모습으로 엎드려 자고, 밤에는 게임을 하면서 욕망을 실현한다. 그리고 게임이 현실에서 별 도움이 안 된다는 것은 어른들의 생각일 뿐 요즘 아이들에게는 인기도 보상 가운데 하나이고 보니 게임이 나름 인기라는 보상을 준다고 할 수 있다. 다시 말해서 중학생들 사이에서는 게임이 '챌린지급'이라고 하면 제법 인기를 누리면서 학교생활을 할 수 있는 것이다.

아이들이 고통을 회피하려는 이유는 어렸을 때부터 가정에서 적당한 책임과 적절한 고통을 경험하지 않고 자랐기 때문이다. 예를 들어 무거운 물건을 옮겨야 하는 상황에서 아이에게도 "이것 좀 같이 들자"고 분담을 시켜야 하는데 대부분의 부모는 아이에게 시키지 않고 자기들이 다 한다. 집 청소를 할 때도 "네가 무슨 청소야, 공부나 해. 청소 같은 건 엄마가 할게." "이불을 네가 왜 개, 바쁜데. 그냥 가, 엄마가 할

게." 일상생활에서 벌어지는 작은 일부터 큰일까지 아이에게는 그냥 공부만 하면 된다고 당부하고 나머지는 어른들이 다 해결해주며 키운 것이다.

정신적으로 힘든 일이 있을 때나 무슨 문제를 일으켰을 때도 어른들이 대신 해결해주면서 아이들은 적절한 고통을 극복하고 성장할 기회를 상실한다. 부모는 하나밖에 없는 자식을 아무 고통 없이 키우려고 그런 거겠지만 문제는 부모가 대신해줄 수 없는 일들이 생기면서 시작된다. 그때 아이는 고통이라는 측면에서는 신생아 수준이 되어 다양한 시련에 노출될 수밖에 없다. 한번도 경험해본 적이 없는 상황에 놓일 때 아이가 선택할 수 있는 것은 과연 무엇일까? 당연히 피할 수 있을 만큼, 피할 수 있을 때까지 피하는 일밖에 없다. 무능함의 이면에는 이렇게 오랫동안 되풀이한 회피가 자리 잡고 있다.

그리고 회피의 가장 분명한 형태는 잘 못한다, 할 수 없다는 것을 보여주는 모습으로 드러난다. 여기에는 물론 하기 싫다, 안 한다가 포함되어 있다. 그런데 말로는 안 하겠다고 하면서도 속으로는 '언젠가 혹시 저걸 하고 싶어지면 어떻게 하지?' 하고 불안해하는 심리가 있다. 해본 적이 없으니까 두려워서 피하기는 했지만 사람이니까 자기도 하고 싶다는 생각이 전혀 안 들 수는 없다. 회피의 이면에는 나중에 정작 하고 싶을 때 못하면 어떻게 하나 싶어서 괴로워하는 심정이 담겨 있는 것이다. 이렇게 무기력한 아이들의 내면은 혼자 있을 때 특히 덤덤하기는커녕 낙담으로 절망적일 지경이다. 좌절감에 빠져서 자신을 의심하면서 불안하고 고통스러운 나머지 나중에는 분노를 느끼게 된다.

더 슬픈 일은 중학교 1, 2학년 때부터 무기력 노선을 선택해서 고등학생이 되었을 때 일어난다. 지금까지 뭔가를 열심히 해본 기억이 하나도 없으니 다시 말해 자신이 정말 자기 인생의 주인이나 주체가 되어 무엇을 해본 적이 없으니 고등학교 3학년 되어서도 "저는 지금까지 뭘 했는지 모르겠어요. 뭘 하고 싶은지도 모르겠어요. 딱히 하고 싶은 것도 없어요" 하는 아이가 되어 있는 것이다. 성인이 될 나이를 앞두고도 한번도 자기 인생을 살았다는 느낌이 든 적이 없다고 말하는 아이들이 수두룩하다.

무능함을 보여주는 4가지 패러다임

아들러 심리학파의 한 사람으로 오랫동안 아이들을 관찰하고 연구해온 루돌프 드라이커스Rudolf Dreikurs는 회피를 통해 무능함을 보여주려는 아이들의 심리 기제를 과잉열망, 경쟁, 압박, 실패예측이라는 4가지 패러다임으로 구분했다. 나도 그동안 아이들과 상담을 하면서 "너, 하지 않게 된 이유가 뭐니?"라는 질문을 자주 던지곤 했는데 그럴 때마다 "저는 원래 잘하지 않으면 안 해요. 제가 잘하는 것만 해요"라는 대답을 수도 없이 들었다. 조금 거친 아이들은 "1등도 못하는 데 뭐하려고 해요? 욕먹을 바에야 차라리 안 하는 게 낫죠." 이렇게 말하기도 했다. 사촌이 특목고에 진학했다는 한 아이는 "너도 가지 그러니?"라는 주변 사람의 질문에 "저는 원래 공부를 싫어해요. 공부는 저랑 맞지 않아요. 부모님 기대를 만족시키지 못할 바에야 차라리 안 하는 게 나아요"라고 대답했다고 한다. 지금이라도 열심히 하면 된다고 말해주면 대부분의 아이들은 "해봤자 뻔해요. 그동안 많이 겪었어요. 제가 한다고 나서는 것은 여러 사람한테 민폐예요"라고 대답한다. 무기력한 아이들에 대한 해법은 그들의 이런 심리 기제를 파악하고 여기에 기초해서 돕는 데 있다.

- 과잉열망overambition : 자기가 원하는 만큼 잘할 수 없다.
- 경쟁competition : 다른 사람들만큼 잘할 수 없다.
- 압박pressure : 자기가 해야 하는 것만큼 잘하지 못한다.
- 실패failure : 자기가 실패할 것이라고 확신한다.

---

① 과잉열망

열망이 강한 아이들에게는 부모의 지나친 바람과 사회의 태도나 평가가 내면화되어 있어서 그 기준을 바꾸어주지 않으면 다시 열심히 하기가 힘들다. 설사 1등을 못한다는 사실을 알아도 어차피 할 거라면 한번 해보겠다며 무조건 노력하는 사람들과 달리 이 아이들은 잘한다는 보장이 없으면 아예 안 하려 든다. 이처럼 '욕먹을 거라면 차라리 안 하는 게 낫다'는 아이들에게는 경쟁하는 체제를 바꾸어주어야 한다. '네가 무기력 상태에서 벗어나기 위해서는 무언가를 해야 하고, 그것은 남과 비교 기준으로 삼기 위해서가 아니'라는 뜻을 어떤 방식으로든 설득력 있게 전달해야 한다. 이런 아이들은 혼나거나 욕먹는 것은 물론이고 경쟁에서 실패할 것을 걱정하고 있기 때문이다. 특히 부모나 교사가 반드시 길이 있다는 이야기를 지속적으로 전달해야 하는데 어른들은 대체로 길이 없다고 이야기하길 좋아한다는 데 문제가 있다. "너 이렇게 가다간 안 봐도 앞날이 뻔해", "너 같은 애가 그걸 하겠다고? 어림없는 소리다", "지금 하는 꼬락서니로 그게 될 것 같니?" 하는 식으로 말이다. 교사나 부모는 자기가 알고 있는 오직 그 길 하나만을 생각해서 그렇다.

예를 들어 맨날 잠만 자는 아이가 있다고 하자. 어느 날 "그래도 뭐하고 싶은 거 있으면 말해봐, 네 꿈이 뭐야?" 하고 물었고 아이는 경찰이 되고 싶다고 대답했다. 그러자 이런 식으로 대답하는 것이다. "너 같은 놈이 경찰에 잡혀가지나 않고 살면 다행이지. 맨날 학교에 가서 잠이나 자다가 오는 놈이 경찰 퍽도 하겠다."

이야기를 극단적으로 한 감이 없지 않지만 아이들이 무언가를 하고 싶다고 말했을 때 '할 수 있다'는 긍정적인 대답을 안 해주고 그렇게 해서는 그 길을 갈 수 없다고 단정 짓는 듯이 말하는 어른은 생각보다 많다.

상담자 가운데 유학을 갔다 와서 자퇴한 여자아이가 있었다. 이 아이의 원래 꿈은 의사였는데 지금은 연기자로 바뀌었고 그래도 평범한 연기자는 되기 싫어서 연기자 지망생이라면 으레 가는 연극영화과에는 가지 않을 거라고 한다. 원래 되고 싶었던 의사의 꿈을 왜 접었느냐고 물었더니 주변에서 다 안 된다고 해서 그랬다고 한다. 물론 이런 경우에는 새삼스럽게 '열심히 하면 될 수 있을 거'라는 말을 할 필요는 없다. 그러면 아이를 더 자극할 뿐이다.

다른 예를 하나 더 들자면 다른 과목은 다 못하는데 국어 하나, 문학 하나를 잘해서 학교에서 1등급을 받은 아이의 이야기다. 국어 선생님이 공부 방법을 바꾸라고 알려주었는데 "너 이렇게 공부하면 수능에서는 1등급 못 받아"라는 한 마디에 너무 큰 상처를 받아서 국어를 아예 내려놓았다고 한다. 가장 잘하고 좋아하는 과목을 집어던지는 결과를 가져온 사연을 듣고 가슴이 많이 아팠다.

그런데 어른들은 왜 자꾸 아이들에게 '할 수 있다'고 말해주지 않고 '이 상태로는 안 된다'고 하는 걸까. 이런 말들이 쌓여서 지금의 아이들을 만든 것일 수도 있는데 말이다. 내가 볼 때는 그것이 우리에게 명문대, 이른바 스카이 중심의 사상이 있기 때문인 것 같다. 어느 연수에서 교사들에게 "경찰이 되고 싶어 하는 아이가 있는데 어떻게 하면 된다고 말해줄 수 있을까요?"라고 물었더니 거의 모든 교사가 경찰대가 가장 먼저 떠오른다고 대답했다. 그런데 경찰대는 성적이 아주 우수한 아이들만 갈 수 있는 곳이고 경찰이 되기 위해서는 경찰대가 아니더라도 여러 길이 있다. 경찰대가 아니면 경찰이 못 된다는 대답은 아이에게 그나마 하나 남은 꿈을 접게 만드는 서글픈 일이다.

어른들은 이렇게 하면 실패할 것이다, 저렇게 하면 실패할 것이다 하면서 아이들을 작은 변화에 초대하려고 하지 않는다. 그 대신 '엄마가 (선생님이) 생각하기에 너는 근본이 바뀌어야 돼. 그렇지 않으면 어려워'라며 큰 변화만을 추구한다.

아이들의 변화를 거론할 때 어른들은 자신의 뼈를 깎던 시절을 기준으로 삼는데 그것은 당연히 보통의 노력으로는 이루기 힘든 일이다. 보통의 노력은 고사하고 사소한 노력조차 할까 말까 망설이는 아이들에게 엄청난 노력을 해야 한다고 제안하는 것은 아예 시작조차 못 하게 만드는 것과 같다.

과잉열망은 대개 목표가 높은 아이들, 한때(초등학교 때) 잘했던 기억을 끝까지 잊지 못하는 아이들이나 주변과 부모의 기대가 컸던 아이들한테서 나타난다. 이런 아이들에게는 아무리 자기가 좋아하는 것을 하면서 살 수 있는 기회와 방법이 있다고 말해줘도 자기만의 기준을 내려놓지 못한다. 어른들 가운데도 술만 들어갔다 하면 '왕년에 내가 어쩌고저쩌고…' 운운하는 사람들이 있지 않은가. 이 또한 이런 심리기제를 무너뜨리지 못하고 '옛날에 내가 이것을 하려고 했다'는 기준을 여전히 버리지 못하고 사는 데서 나온다.

② 경쟁

경쟁은 비교에서 태어난다. '엄친아' 이야기가 농담인 것 같아도 아이들한테 큰 영향을 미치고 있는 것만은 분명하다. 요즘에는 엄친아 말고 뜨는 것이 있던데 '와친남'이라고, '와이프 친구의 남편'이라고 한다. 이

조어 때문에 남편들이 기를 못 펴고 산다는데 어쨌든 아이가 자기 길을 가는데 자꾸 비교 대상을 들이대면 잘하기 힘들 것 같은 상황에서는 차라리 경기를 안 뛰겠다고 선언하게 된다. 주변에서 자꾸 나의 경쟁 상대라고 언급하는 그 아이와 경기를 안 하겠다, 나는 다른 경기를 하고 있으니 그 아이와 나는 운동장이 다르다, 하는 종목도 다르다…. 하지만 대부분의 아이들은 공부라는 종목에서 겨룰 수밖에 없는 것이 현실이므로 끊임없이 문제가 발생한다. 경쟁 프레임이 곧 아이들을 무기력하게 만들고 있다.

③ 압박

끊임없이 '잘해라', '기본을 해라', '제대로 해라'라는 압박을 받는 아이들은 어느 시점부터 차라리 그 기대를 채울 수 없다는 사실을 내보이는 것이 낫다는 것을 깨닫게 된다. '있는 그대로'의 모습이 받아들여지지 않고 계속 부모와 교사가 정해놓은 기준을 달성해야 하는 고통 속에서 불편하게 살아야 하기 때문이다. 아이들은 여러 번의 좌절을 통해서 더는 요구대로 할 수 없고, 잘할 수 없는 아이임을 보여주어야 오히려 안심하는 것이다. 반복적인 압박은 결국 아이에게 자신이 무능하다는 것을 확인하는 과정으로 치닫고, 아이는 이제 본인이 무능하다는 것을 입증시키는 쪽으로 방향을 선회한다. 그때부터는 어떠한 요구에도 자신이 흔들리지 말아야 한다고 생각하게 된다. 즉, 무능한 것이 유능한 것보다 나은 삶이라는 것을 알게 되는 것이다. 잘해야 한다는 생각에 끊임없이 스스로를 압박하면 너무 지쳐서 계속할 수가 없다. 어떤 기대에 부응하기 위해 스스로를 마구 몰아붙이는 데 지치고 그 이전에 실패한 경험이 아이를 더 힘들게 한다. 이런 아이들에게는 '결과가 중요한 것이 아니라 과정이 중요하다'는 말을 지속적으로 해주어야 한다.

④ 실패예측

아이들에게는 성공한 경험, 성취한 경험 자체가 필요하며 이것은 매우 중요하다. 그런데 무기력한 아이들 가운데는 정말 끔찍하게도 중학교 3학년, 고등학교 1학년이 될 때까지 뭔가에 성공해본 경험이 없다는 아이들이 많다. 학교에서든 집에서든 "네가 뭔가를 해냈구나"라는 말을 한 번도 들어본 적이 없다는 것이다. 무엇보다 학교는 모든 아이에게 더 많이, 더 자주, 여러 기회를 통해서 "이것은 네가 성취한 거야"라는 말을 직접적으로 해줄 만한 일들을 벌였어야 하는데 말이다.

실패를 예측하는 아이들에게는 작지만 반복적인 성공과 성취를 경험하게 해주는 것이 중요하다. 가령 아이들이 수업 시간에 자는 이유는 선생님이 안 시켜서다. 앞에 나와서 문제를 풀게 하고 그러면 답을 맞혀야 하니까 잘 수가 없다. 그런데 교사가 문제를 풀도록 시키되 답을 맞히는 것이 중요한 것이 아니라 그 과정을 보여주는 것이 중요하다는 사실을 인식시키는 것이 중요하다. 문제를 풀기까지 몇 단계가 있다면 아이들마다 푸는 방식을 그대로 둠으로써 어떤 아이가 나와서 여기까지 풀었으면 그다음 단계는 다른 사람이 조금 달리해서 풀고, 또 그

다음 단계는 다른 사람이 나와서 푸는 식으로 말이다. 그러면 일련의 과정을 지켜봄으로써 아이들은 문제를 푸는 데는 한 가지 방식만 있는 게 아니라는 것을 알게 되고, 게다가 자기한테만 쏠리는 시선을 분산시켜 부담을 느끼지 않을 수 있다. 잘하는 아이만 나와서 답을 맞히게 하는 수업은 모르는 아이들을 다 무기력한 상태에 빠지게 하지만 이런 유형의 수업은 아이들을 골고루 참여하도록 할 뿐더러 서로 과정을 보완할 수도 있게 한다. 즉, 부담을 조금씩 나눠서 짊어지는 것이다. 한 아이가 나와서 싹 다 풀고는 맞니 틀리니 하거나 잘난 척하고 나와서 풀었는데 틀리면 크게 혼내는 방식은 잘하는 아이들만 활동적이 되고 모르는 아이는 계속 모른 채로 끝나게 한다.

수업의 형태를 바꿔보는 방법 외에도 정말로 중요한 가치가 무엇인지를 반복적으로 설명해서 아이의 사고에 스며들게 하는 방법도 있다. 아까 예로 든 경찰만 해도 경찰대학을 가는 것만이 최고는 아니라는 것, 고등학교를 졸업하고 들어가거나 의무경찰을 하다가 되거나 경찰행정학과를 나와서 되는 방법도 있다는 것을 설명해주는 것이다. 실제로 그 아이가 직업 인터뷰를 가서 들어봤더니 쌀 한 가마니를 들고 달리기를 잘해서 뽑힌 사람도 있다고 했단다. 옛날에는 그렇게 해서 경찰이 된 사람도 있다. 연배가 꽤 있기는 하지만 내가 아는 교사 가운데도 국가가 필요로 해서 임용고시를 치르지 않고 된 분들이 있다. 직업에 따라 다르기는 하겠지만 확실히 예전에는 지금보다 수월하게 원하는 직업을 가질 수 있었다. 지금 아이들은 그런 방식으로는 안 되는 것이 사실이지만 그렇다고 어른들이 너무 자신들의 기준만 가지고 "너는 안돼"라고 말하는 데는 문제가 있다. 게다가 잘 찾아보면 여러 갈래의 길과 방법이 있다.

아이가 가진 꿈을 이룰 만한 다양한 방식이 있는데도 우리는 자꾸 어떤 한 가지 길, 특히 입시를 중심으로 대학, 그것도 좋은 대학을 나와서 갈 수 있는 길만 제시하니까 접근하기가 어려워진다. 자기 기준을 낮추는 것을 수용하거나 본인이 하고 싶은 것을 하는 것이 정말로 중요하다고 말해주거나 여러 길이 있다고 이야기해주는 등 작은 기회를 갖도록 도와서 성취의 경험을 조금씩 쌓아가도록 해야 한다. '어, 해보니 맨날 실패만 하는 것이 아니라 성공할 때도 있네.' 이렇게 반전이 일어나도록 도와주는 것이 아이들을 무기력 상태에서 벗어나게 하는 지름길이다. 물론 아무리 이런 패러다임을 알고 어떤 과정을 거쳐서 아이가 무기력에 이르렀는지를 파악했어도, 또 아이들과 아무리 충분한 이야기를 나눈다고 해도 그 마음을 다 바꾸기란 참 힘든 게 사실이다.

무기력감의 정체를 무엇으로 볼 것인가? – 우울증 논쟁

열심히 하는 아이들, 사기가 충천해서 무기력 시스템의 단점을 뚫거나 이용하거나 또는 잘 적응해서 승승장구하는 소수의 아이들을 제외하면 다수의 아이들은 일시적으로든 장기적으로든 만연한 무기력에 빠져 지내고 있다. 원인도 유형도 경로도 다양하게 아이들은 속속들이 무기력 그룹 또는 위축된 희망인 '카르페디엠(오늘 하루 잘 보내자)' 그룹으로 모여든다. 지역이나 학교 간 차이는 있겠지만 만연한 무기력감이나 희망과 가까이 하지 않고 지내는 아이들의 정서적 분위기는 대체로 '약간 침잠함'이다. 비통하거나 장엄하다면 그것은 정말로 견디기 힘들 것이니 그나마 다행이다.

이런 상태와 분위기를 견디지 못하는 부모나 교사가 아이를 병원에 보내면 특별한 경우를 제외하고는 가벼운 우울감 말고 더 나타나는 증상이나 징후는 없다. 우울감의 정도는 아이에 따라 조금씩 다르기는 하다. '죽지 못해 산다'는 아이부터 '그냥 재미있는 것이 별로 없다'는 아이까지. 그렇다고 반드시 약을 먹어야 할 만큼 심각한 상태는 아니다. 대다수 아이들이 비슷한 심리평가 결과를 보인다. 즉, 동기와 흥미를 잃었고, 좌절은 했으나 인정받고 싶고 사랑받고 싶은 욕구는 크며, 의존적이면서 자신에 대한 통제력이나 의지는 빈약한 상태다. 기분은 다소 우울하고, 에너지는 또래들의 평균치보다 낮은 정도다. 불면과 식욕 부진으로 신체 증상은 대부분 결여되어 있고, 충동적으로 죽고 싶다는 기분에 빠진 적이 몇 번 있는 정도의 상태. 한마디로 모호한 상태라고 할 수 있다.

사이토 다마키斎藤環라는 일본의 정신과 의사는 〈사회적 우울증〉이라는 책에서 최근의 새로운 우울증 논쟁에 대해 언급했다. 일본에서도 전통적으로 슬프고 멜랑콜리한 우울증은 아닌데 우울증인지 성격인지 게으름이나 응석인지를 구분하기 어려운 환자들이 많아졌다고 한다. 성격과 상태의 구분이 모호하고, 가벼운 듯하면서도 개선은 잘 되지 않는 우울과 무기력 상태에 빠진 젊은이들이 늘었다는 것이다. 우울하지만 우울증으로 보기는 어렵고 약물 치료를 할 정도의 상태는 아닌데 여러 심리도구를 사용하여 측정하면 우울하지 않은 것도 아닌, 이 우울감의 만연은 어찌 보면 시대적 요소의 반영이라는 차원에서 사이토 다마키는 진지한 의미 반, 사회적 풍자 반을 담아서 '사회적 우울증'이라 명명했다. 그리고 그의 시각대로 이것을 만일 우울증으로 진단하기로 한다면 원인은 현대 사회의 불안이 반영된 것이라서 유일한 치료법은 약보다는 관계라고 했다. 여기서 관계란 주로 생존이 아닌 존재의 문제로서 많은 현대인들이 '나는 누구인가?', '나는 지금 하는 일을 계속해야 하는가?'와 같은 정체성 불안과 일상의 만족감이나 장기적 목표를 찾지 못한 데서 생긴 것으로 타인과의 관계가 회복되면 호전될 거라고 했다.

일본의 논쟁처럼 무기력한 아이들을 우울증 환자로 볼 것인지, 아니면 다른 형태의 진단을 찾아야 할 것인지, 그것도 아니면 그냥 어떤 상태에 머물고 있는 집단으로 볼 것인지는 우리 사회에서도 중요한 논쟁거리다. 부모나 교사들은 원인을 찾을 수 없다고 느낄 때 아이의 상태에 우울증이라는 진단이 붙으면 조금 편안해하는 경향이 있다. 병이 하나의 심리적 위안이 될 때도 있기 때문이고, 아이도 자신이 우울증이라는 진단에 우울하기는 해도 내가 환자는 아닌데 미친 놈 취급을 당할까 봐 걱정하면서도 돌아오는 혜택이 없는 것도 아니니 그다지 나쁘게 받아들이지 않는 분위기다.

무기력한 아이들의 때때로 – '셀리그만의 개(?)' 같은 기분

무기력한 아이들의 여러 상태에 대해 우울증 이야기까지 나누었다. 무기력 현상을 이해하는 과정을 마무리하면서 떠오른 아이들의 상태에 대한 연상은 '셀리그만의 개'다. 가끔 아이들이 진료실에 와 앉아 있을 때 요즘 기분은 어떠냐고 물으면 더러 '개 같은 기분'이라고 할 때가 있기 때문일 것이다. 셀리그만의 개처럼 처음엔 아등바등하다가 이제는 뭘 해도 그냥 무감각해지고 더 이상 노력해야 할 동기나 의욕, 흥미나 흥분을 잃은 상태여서 그럴까?

무슨 말인지도 모르는 채 앉아 있고, 해도 안 되는 것을 억지로 붙잡고 있고, 부모님 때문에 꾹 참고 앉아는 있는데 혼나고 무시당하고 바보 취급을 당한다. 무기력한 채 지내는 아이들의 기분은 부모님이나 교사들은 어떻게 느낄지 모르지만 때때로 '개 같을' 수 있을 것 같다.

Part 2

무기력한
아이들 돕기
– 잠자는 거인을 깨우는 법

고통은 건강의 일부다.
정신세계가 클수록 더 큰 고통이 따른다.
인간은 고통을 피하기 위해
스스로를 더 작게 만든다.
– 마이클 아이건

한 번에 한 명씩 구출하기

학부모들, 교사들과 자주 교류하는 내게 그분들의 고민이 머릿속을 스친다. 진료실과 교사 연수에서 가장 많이 받는 질문이기도 하다.

"자는 아이들을 어떻게 해야 할까요?"

"아이들은 왜 그렇게 멍하게 있는 걸까요?"

"한심하고, 답답하고, 안타깝고, 어떨 때는 아주 속이 터져요."

"저렇게 무기력하게 지내다 어떻게 살아갈지 걱정이에요."

그런데 우리 아이들이 모두 처음부터 잠을 잤던 것은 아니다. 저마다 사연이 있다. 무기력, 무의욕, 무감각, 포기. 이렇게 지내기로 결정했거나 자연스럽게 이런 상태로 전이된 아이들. 내가 알고 있는 한 인간의 본능인 성장에 대한 욕망을 포기하고 무기력한 채 지내게 된 이면에는 분명 아픔이 있다. 그리고 무기력하게 지내기로 결정하기 전에 아이들이 흘린 눈물이 있다. 이렇게 생각하는 것이 아이들을 도울 수 있는 첫 번째 마음가짐이다. 일부러 무기력하게 지내는 아이들은 없다는 것, 여러 이유와 사연의 결과가 무기력한 생활을 낳았다는 것을 인식하는 것.

당신은 무기력하게 지내본 적 없나요?

"무기력해본 적 있나요?", "중요한 것을 포기해본 적 있나요?", "자신을 싫어해본 적 있나요?" 먼저 이 질문을 하고 싶다. 다른 사람을 이해하기 위해 할 수 있는 가장 쉬운 일은 나를 먼저 이해하는 것이기 때문이다. 이 질문을 강의 현장에서 몇 번 던진 적이 있는데 교사들 가운데는 깊은 무기력증을 겪어본 적이 있는 분들이 많지 않았다. 잠깐 무기력하게 지내본 적은 있지만 장기간 그랬던 적은 없다는 대답도 있었다. 경험이 있다는 분은 다음과 같이 말했다.

"제가 그렇게 무기력해질 줄은 몰랐어요. 스스로 상황을 바꿀 수가 없었고, 또 그 상황을 빠져나갈 수도 없었어요. 처음에는 막 화가 나다가 나중에는 그냥 자포자기해서 멍하게 지내게 되더라고요. 그 단계가 지나니까 화는 없어졌지만 짜증과 귀찮음만 남았고요. 그렇게 얼마간 지내다 우연치 않게 상황이 바뀌니까 다시 살아났는데 정말 끔찍한 경험이었어요. 내가 어떻게 해도 아무런 해결이 되지 않는다는 것은 참 비참했어요."

무기력해본 경험을 가져본 분들의 이야기를 들어보면 하나같이 '내가 어쩔 수 없는', '나의 통제력을 벗어난' 상황에서 사람은 무기력해지기 쉽다는 것을 알 수 있다. 말을 조금 바꾸어서 다시 질문을 해보았다. "하고 싶지 않은 일을 누군가 시켜서 억지로 해본 적은 있나요? 그것도 오랫동안."

이 질문에는 더 많은 분들이 '그렇다'고 대답했다. 어떤 분들은 지금도 그런 일이 많다고 했고, 삶의 일정 부분이 그런 일들로 채워져 있다고 담담히 받아들이는 분들도 있었다. 그런 일이 점점 늘어나면 어떻게 될까? 그래본 적이 있냐고 다시 물었다.

"그래서 결국 직장을 옮겼어요", "분가를 했지요", "공립학교라 시간이 좀 아깝기는 하지만 조금만 참고 기다리면 곧 전근을 갈 수 있으니까 학교 밖 활동이나 가족 안에서 즐겁게 지내려고 해요."

그렇다면 만약 아이들이 지금 자기가 처한 상황을 바꿀 수도 없고, 자신에게 통제권도 없다고 생각해보라. 아이들이 학교와 집에서 하는 일이 모두 남이 시켜서 억지로 하고 있는 것이라면. 아이들도 어른과 똑같은 심정일 것이다. 집이나 학교를 옮기거나 가출 또는 등교를 거부하고 싶지 않을까. 언제까지만 참자, 그리고 다른 곳에서 즐거움을 찾자.

억지로 시키는 일이나 하고 싶지 않은 일은 하지 않고, 하고 싶은 일만 재미있게 하는 것이 무기력해지지 않는 정말 중요한 길이라는 것은 누구나 알고 있다. 결국 무기력한 아이들을 변화시키는 방법도 어른들의 경험처럼 하고 싶은 일을 찾아주고, 스스로 할 수 있도록 지원해주고, 재미있게 할 수 있도록 터전을 만들어주는 등 자신의 상황에 대한 결정권과 통제권을 주었을 때 가능한 일이다. 그런데 말로는 쉽지만 현실의 벽은 너무 두텁고 높다.

지금부터는 아이들의 변화를 만드는 이야기를 해보려고 한다. 아쉽게도 이것은 대부분 개인적인 차원에서 이루어지거나 가정이나 학교라는 작은 단위에서 일어나고 경험한 일들을 중심으로 할 수밖에 없다. 제도가 바뀌어야 가능한 큰 변화는 여기서 다룰 수 없기 때문이다. 혹시 기회가 된다면 나중에 다른 책에서 이 주제만 놓고 깊이 다루고 싶다는 생각도 있다.

정현종 시인의 〈방문객〉 시구처럼 한 아이가 오는 것은 실로 어마어마한 일이다. 잠자는 아이의 삶을 깨우는 것은 한 아이의 인생을 깨어나게 하는 일이다. 잠자는 공주에게 드리워진 저주의 마법을 왕자의 키스로 풀었듯이 우리도 무기력의 마법을 풀 수 있는 방법에 대한 이야기를 시작해볼까 한다.

※ 이 책에서 무기력 시스템의 제도적, 정책적 문제를 다루는 데는 한계가 있으므로 추후 다른 책을 통하여 다루고자 한다. 이 책에서 제시한 무기력한 아이들에게 다가가는 방법은 개인적인 차원에서 시작할 수 있는 내용들로 구성되어 있음을 알려드리며, 이 점 독자 분들께 양해를 구한다.

방문객

사람이 온다는 건
실은 어마어마한 일이다.
그는
그의 과거와
현재와
그리고
그의 미래와 함께 오기 때문이다.
한 사람의 일생이 오기 때문이다.
부서지기 쉬운
그래서 부서지기도 했을
마음이 오는 것이다 — 그 갈피를
아마 바람은 더듬어볼 수 있을
마음,
내 마음이 그런 바람을 흉내낸다면
필경 환대가 될 것이다.

01

변화를 이끄는
마음의 심폐소생술

① 역설과 긍정

심리적 호흡은 신체적 호흡보다 복잡하다.
— 마이클 아이건

역설적 접근 : 무장해제를 통해 당황스러움을 경험하게 해야

무기력한 아이들에게 다가가서 그들을 돕고자 한다면 앞에서 계속 이야기한 것처럼 그들을 게으르다, 나태하다, 사악하다, 연약하다고 이해하는 관점을 전환하는 태도가 전제되어야 한다. 무기력한 아이를 변화시키기 위해서 취해야 할 기본적인 태도는 기존과는 다른 방식, 역설적인 접근이어야 한다. 아이들에게 잘해주어야 한다는 뜻이다. 혼날 것을 준비하고 있거나 무가치한 취급을 받을 태세가 되어 있는 아이들에게 의외의 모습을 보여줌으로써 예상을 뒤엎어주어야 한다.

무기력한 아이들은 으레 대접받던 대로 받을 것에 대비해 무장을 하고 있다. 아이들을 무장해제시키면서 변화의 계기를 만들 수 있는 접근의 기본 방향은 혼내거나 무시하지 않고 진심을 다해서 대해주는 것이다. 집에서는 맛있는 음식을 만들어주면서 편히 쉬게 해주고, 학교에서는 어떤 행동에는 이유가 있음을 알아주고, 필요하면 개별적 면담을 해서라도 아이들의 사연을 들어주어야 한다.

무기력한 아이들에게 변화를 이끄는 출발선은 바로 이 역설적인 태도를 통해 아이들이 당황스러워하거나 멋쩍어 하거나 생경해하거나 어색함을 느껴서 빈틈이 생기도록 하는 것이다. 최대한 역설적으로 접근해서 혼내는 대신 관심을 갖고 존중해주면서 무언가를 함께 해나자는 메시지를 전달해야 한다. 역설적 접근은 심장이 정지한 환자가 병원에 도착할 수 있도록 실어 나르는 구급차 역할을 한다. 일단 와야 무엇을 하지 않겠는가? 아이들을 변화의 장으로 오게 하려면 역설적인 접근으로 실어 날라야 한다.

만약에 아이가 무기력한 상태로 지내왔고 이에 대한 이해와 관점의 전환이 전제된 부모나 교사라면 역설적 접근에 기초해서 준비를 해야 한다. 물론 여기서 중요한 것은 진짜로 아이를 성공시키고 싶다는 열망이다. 지금까지 해온 방법으로는 효과가 없다는 것을 절실히 느끼고 있다면 새로운 방법에 귀를 기울여야 한다. 아이에게 새로운 방식의 이야기를 해주려면 "잠깐만 내 이야기를 들어줄래, 괜찮겠니? 엄마가(혹은 선생님이) 곰곰이 생각해봤는데 네가 무기력하게 지내는 것에 대해 그동안 이해가 부족했던 것 같아. 그래서 앞으로 너를 대할 때는 조금 다르게 하려고 해. 네가 최선을 다한 순간들이 있었고 또 지금도 최선을 다하고 있다는 것을 믿고 앞으로 더 잘해주려고 노력할게. 네가 당장은 받아들이기 쉽지 않고 어색할 수도 있지만 너무 싫어하지만 않았으면 좋겠어. 얘기 들어줘서 고마워."

당장은 아이가 어리둥절해하거나 무슨 계략을 꾸미는 것은 아닌지 의아해하거나 그도 아니면 조만간 제풀에 지치겠지, 하는 느낌으로 받아들일 수도 있지만 상관없다. 교사들도 자는 아이들, 멍 때리고 아무것도 안 하는 아이들에게 다음과 같이 이야기해볼 수 있다. 이런 이야기는 교실에서 할 것이 아니라 조용히 따로 불러내서 특별하게 해야 한다. 여러 명이라면 하나씩 차례로 불러내서 하면 된다.

"요즘 계속 힘든가 보다. 학교에 와서 누워 있고. 학교에 와서 자는 것도 쉬운 일만은 아니라고 생각해. 선생님은 학교에 와주는 것만으로도 고맙고. 다만, 수업에 방해가 되지 않도록 해주면 좋겠어. 그런데 선생님은 네가 고민이나 갈등, 말 못할 사정이 있을 거라고 생각하는데 그게 뭔지 정확히는 모르겠지만 말이야. 앞으로 천천히 이야기 나누기로 하고, 아까 말한 것처럼 수업에 방해가 되지 않는 선에서 선생님 수업 시간에는 편히 있도록 해. 그리고 하나하나씩 이야기해나가자. 얘기 들어줘서 고마워."

선생님이 이렇게 말해주면 아이들은 머쓱해하거나 나를 시험하나 보다 하는 기분이 될 것이다. 하지만 방어하지는 않을 것이다. 아마 그날 아이들끼리 메시지를 돌리면서 ○○ 선생이 뭘 잘못 먹었다거나, 돌기 시작했다는 등 교사의 낯선 접근에 뒷담화를 할 것이다.

이런 시도에 대놓고 까칠하게 반응하는 심각한 아이들을 제외하면 대부분의 아이들은 그냥 호기심 어린 시선으로 바라볼 것이다. 그리고 이후에 시도해야 할 작업은 역설적 시도의 핵심으로 다음 세 가지다. 반복하던 잔소리 멈추기, 진심어린 걱정 표현하기, 잘해주기.

가장 먼저 할 일은 기존의 잔소리를 멈추는 것이다. 부정적인 관계를 고착화하는 가장 병적인 접근은 몇 년 동안이고 같은 잔소리를 되풀이하는 것이다. 아이가 예상하고 있는 꾸중을 그대로 반복하면 달라질 것은 아무것도 없다. 지겨워서 관계만 악화될 뿐 잔소리는 아이에게 확실한 핑계거리를 제공하는 일이라서 상담할 때 하나같이 잔소리하는 부모님을 신랄하게 비난한다.

물건을 제자리에 놓지 않는 것, 잘 안 씻는 것, 핸드폰 오래 들고 있는 것, 게임하는 것, 늦게 자는 것, 자세가 불량한 것 등등 무기력하고 게으른 것처럼 보이는 모든 현상에 대해 선생님이든 부모님이든 마음먹고 잔소리를 하자면 끝이 없다. 그런데 변하지 않는 것은 변하기 어려운 것인 경우가 많다. 그러니 어느 날 뚝, 잔소리를 끊어야 한다. 이것만으로도 엄청난 효과를 발휘한다. 어른들이 잔소리를 끊은 뒤에 아이들이 와서 하는 말은 한결같다. "집에 있기가 좀 편해졌어요", "학교 가서 교실에 있는 것이 그래도 좀 편해졌어요", "요즘은 있을 만해요", "그냥저냥 견딜 만해요." 이런 반응은 역설적 접근에 대한 초기 성공 신호다.

진심으로 걱정하고 있다는 것을 조용히 표현하라

잔소리가 줄어든 우호적인 분위기에서는 아이에게 가지고 있는 측은지심에 기초해서 진심으로 아이의 미래에 대한 걱정을 표현해야 한다. "여러 가지로 힘들지? 세상이 더 힘들어진 것 같구나. 네가 힘들게 지내는 모습을 보면서 엄마(선생님)는 네가 진짜 걱정될 때가 많아. 특히 네가 하고 싶어 하는 마음, 무언가를 좋아하는 마음이 생기지 않는 시간이 오래 가는 것이 걱정이야. 물론 조금씩 나아질 거라고 생각하지만."

미움, 불만족, 한심함, 실망의 대상으로 자신을 대하는 것이 아니라 진심으로 걱정하고 있는 어른이 있다는 것만으로 아이는 크게 안심한다. 물론 아이들에게 이렇게 표현하면 대체로 면전에서는 기분 나빠할 수도 있다. 하지만 자신의 고정화된 생각에도 변화를 꾀하려 해서 아이들의 관점을 전환하는 데는 영향을 미친다. 무기력하게 지내는 자신들을 향해 부모님이나 선생님이 갖고 있는 기본적인 감정이 미움, 불만족, 한심함, 실망이라고 생각했는데 '어쩌면 아닐지도 몰라' 하는 희망을 가지기 시작하는 것이다. 사실 이런 부정적인 감정은 아이 자신의 마음이 어른에게 투사된 것이기도 하다. 프랑스의 정신분석가 장 다비드 나지오Juan-David Nasio는 무기력한 청소년, 무능함을 보이는 청소년의 내면에 존재하는 암적 실체는 초자아, 양심, 자아이상이라고 했다. 자신에 대한 실망감을 부모나 선생님에게 투사하고 그 결과 부모나 선생님이 자신을 부정적으로 다룬다고 느끼도록 압력을 가하는 것은 청소년들에게서 흔히 나타나는 현상이다.

이 단계까지 왔다면 이전보다 더 성의를 다해서 잘해줄 수 있는 일들을 찾아 실행에 옮겨야 한다. 가장 간단한 것은 음식을 잘해주는 일이고 건강을 걱정해주는 일이다. 학교에서는 수업 시간에 자려는 아이, 잠자기를 반복하는 아이에게 수업 전에 웃어주거나 초콜릿 한두 개를 주면 그 영향으로 조금 더 깨어 있을 수 있다.

할 수 있다면 더 정성스럽게 요리를 해주고, 너무 비싸지 않은 옷이나 가방을 사주고, 용돈을 조금이라도 더 주어도 좋다. 그 돈으로 피시방에 갈까 봐, 엉뚱한 곳에 쓸까 봐 걱정하는 것을 중단해야 한다. 무기력한 아이의 속마음에는 왜곡된 인지가 숨어 있다. '나한테는 좋은 걸

주려면 아까울 거야', '밥값도 못한다고 생각하겠지', '내가 잘하지도 않는데 잘해줄 리가 없지, 우리 엄마는 엄청 조건적이거든', '쓸모도 없는 놈에게 더는 투자 안 하겠지.'

인정받지 못한 채 무기력하게 지내는 자신에게 잘해줄 리 없고 실제로 그런 의미가 담긴 잔소리들을 반복해서 들은 아이에게는 그것이 사실이 아님을 행동으로 보여주어야 한다. 만일 그렇게 조건적인 차원에서 아이를 대할 수밖에 없다면 아이가 달라지기를 기대하기란 힘들다. 쓸모, 능력, 결과를 보고 잘해주는 부모와 교사라면 사실 회사 사장과 다를 바 없다. 가정이나 학교가 기업이 아닌 이상 존재 그 자체로 잘해주어야 한다. 아이라는 존재를 위해 최선을 다하는 즐거움, 그것이 우리가 아이들에게 잘해주는 본질적인 이유여야 한다.

잘해주는 것에 대해서 불안을 느끼는 부모나 선생님이 많은데 아이들은 잘해주면 기어오른다거나 그것이 고착돼서 이용해 먹을까 두렵다고 한다. 그런데 교육의 단골 주제는 신뢰가 아니던가? 부모가 믿은 만큼 아이가 행동하고 선생님이 보여준 신뢰만큼 아이들은 책임을 진다. 아이들이 상담실에 와서 하는 말에 따르면 무기력하게 지내다가 더 극단적인 포기로 나아가지 않는 이유는 그래도 부모나 선생님이 잘해주기 때문이라고 한다. 결과와 무관하게 잘해주는 것은 결과에 따른 보상보다 훨씬 효과가 크고 일탈과 포기 같은 폭력적인 방향으로 나아가려는 아이들에게 중요한 보호막이 된다.

"너 같은 아이한테 더 잘해줄 필요가 없어!", "잘해줘 봤자 무슨 소용이야, 돌아오는 게 이건데", "잘해준 것이 아깝다", "그동안 잘해준 거, 다 토해내게 하고 싶다", "잘해줘도 안 되고, 못해줘도 안 되고, 어떻게 해도 안 되는구나", "다 틀렸다. 애당초 잘해주지나 말걸."

이런 말들은 독약에 가깝다. 독약을 마신 아이들은 마음의 일부가 죽어서 에너지를 상실하고 처지게 된다. 그리고 이런 말들은 아이들 마음에 칼자국으로 꽂혀 깊은 상흔을 남긴다. 독설의 칼날에 베인 아이들은 부상을 입고 오랫동안 기운을 차리지 못한다. 혹시 한 사람을 무기력하게 만들고 싶다면 이런 독설을 자주 퍼부으면 된다.

역설이 만든 변화 분위기 이어가기 : 긍정의 힘

역설적 접근을 얼마간 펼친다고 해서 아이들이 부모님이나 선생님의 깊은 속뜻을 알고 바로 기력을 얻어 혁신적인 변화를 일으킨다면 좋겠지만 현실은 그렇지 않다. 역설적인 태도나 접근을 통해 일어나는 확실한 변화에 대해 아이들에게 물으면 아이들은 인색한 답변을 내놓는다.

"부모님이나 선생님이 대하는 것은 어떠니?"

"조금 달라졌어요."

"어떻게 달라졌는데?"

"조금 잘해줘요. 이상하긴 한데 나쁘진 않아요."

"많이 변화한 것은 아니니? 완전히 태도가 달라지신 것 같은데."

"글쎄요, 저러다 언제 또 돌변할지 알 수가 없어서요."

"어른들은 조금 변화가 있는데 너는 어떠니?"

"전 아직 힘들어요. 아직은 어렵고, 의욕이 나질 않아요."

어찌 보면 전형적 패턴의 대화다. 아이들은 역설적인 부모나 선생님의 긍정적인 접근에 반가움은 갖지만 그것이 곧바로 변화의 다리를 건너게 하지는 않는다. 마음은 조금씩 깨어나지만 몸이 깨어나지 않기 때문이다. 아이들의 표현대로 '조금' 나아진 것뿐, 누워 있던 몸을 아주 조금 일으켜 가능성의 문을 연 것뿐이다. 몸이 깨어나서 행동으로 이어지기까지는 역설적인 경험들의 축적과 함께 다른 부가적이고 중요한 조치들이 이루어져야 한다.

만일 부모나 교사가 아이가 무기력해질 수밖에 없었다는 철저한 수용과 공감을 했다면 이제 아이들에 대한 '긍정'을 발휘해야 한다. 역설에 기초한 긍정적 관점으로의 전환은 휴전을 부를 뿐 아니라 평화의 계기를 만든다. 즉, 긍정은 관계 회복을 불러온다. 아이가 그럴 수밖에 없었구나 하는 관점을 가지면 무기력해질 수밖에 없었다는 수용과 함께 아이를 긍정적 시각으로 바라보게 되면서 시선뿐만 아니라 말까지 따뜻하게 건넬 수 있게 된다. 죽도록 미웠다가 이제는 이해가 되고, 나아가 측은지심이 생겨서 그동안 얼마나 아팠을까 하는 느낌을 전달하면 아이는 드디어 변화할 마음의 동기를 가질 수 있게 된다. 이 단계에서 극적인 변화는 생각보다 자주 목격할 수 있다. 사례를 소개해보겠다.

미술을 하는 아이가 있었는데 재능이 아주 뛰어나지는 않았다. 공부에 대한 흥미가 없어서 미술로 바꾼 것인데 유망 대학에 갈 정도의 실력이 아니라는 것을 알게 되자 실망해서 게임에 빠져들게 되었다. 진료실에서 그 아이를 만났을 때 부모가 품은 핵심적 감정은 게임중독에 빠진 배은망덕한 아이, 자기조절이 잘 안 되고 양심이 없는 아이였다. 속마음을 잘 드러내지 않는 아이였지만 내력을 짚어가며 이야기를 들어보니 역시 미술로는 희망이 보이지 않는다는 절망감이 굳어진 것이 문제였다. 아이와 상당 시간 이야기를 나눈 결과 자신감을 완전히 잃었다는 것을 느낄 수 있었다. 그 뒤로는 부모님과 많은 대화를 나누었다. 아이가 스스로에게 실망해서 모든 걸 포기하고 게임으로 시간을 보내며 무기력하게 지내게 된 사정을 공유하는 데 많은 시간이 걸렸다. 어머니부터 이해를 해주시면서 아이를 대하는 방식을 바꾸어보기로 했다. 미움과 조롱과 차가움에서 측은함과 안타까움과 따뜻함으로, 아이에게 잘해주기 시작했고 역설적으로 일정 시간의 게임을 허락하기로 하는 대신 열심히 하지 않아도 좋으니 그동안 다니던 미술 학원에 출석만이라도 해주기를 당부했다. 3개월이 지나자 아이는 서서히 게임하는 시간을 반납했고 집에서도 거실에 나와서 지내는 시간이 늘었다. 비극으로 끝날 줄 알았던 가족의 아픔에 반전이 보였고 부모님은 과거의 목표를 내려놓고 뭐든 즐겁게 해줄 것을 바랐다. 가족끼리 대화하는 시간이 늘었고 약속을 어기는 일은 줄었다.

이제 아이는 고3이 되었고 가족은 몇 년 만에 찾아온 관계의 평화에 매우 흡족해했다. 이 과정에서 가장 많이 변한 것은 어머니를 비롯한 가족이다. 아이에게 무기력이 찾아오기 전 남몰래 혼자 겪었을 좌절을 이해한 뒤에 이에 대한 공감을 한 것이 변화의 출발이었다.

무기력한 아이들에 대한 역설적 태도와 긍정적 접근은 아이를 다시 삶의 현장으로 불러내는 가장 강력한 초대장이다. 물론 이 초대장을 만들 수 있는 것은 부모와 교사다. 무기력한 아이들과 본격적으로 함께 하려면 관점의 전환과 이에 기초한 측은지심으로 아이들에게 초대장을 써서 보내는 일을 먼저 해야 한다. 아마 대부분의 아이들이 조심스럽게 초대장을 받아줄 것이다. 무기력한 아이들에게 비난과 꾸중 그리고 더 가혹한 처벌을 약속하는 초대를 한다면 아이들은 그냥 죽은 듯이 사는 쪽을 택할 것이다. 무기력한 아이들을 무기력 시스템에서 구출하는 것이 목적이라면 이 목적에 맞는 행동이 역설과 긍정이다.

02

변화를 이끄는
마음의 심폐소생술

② 환대, 참여, 존중

환대는 친구가 될 수 있는 자유로운 공간을 만들어주는 것,
사람을 변화시키는 것이 아니라 변화가 일어날 수 있는 자리를 만드는 것,
폭넓게 선택할 수 있는 장을 열어주는 것이다.

— 헨리 나우웬

환대hospitality : 숨길을 열어주는 일(기도 확보)

심폐소생술은 한마디로 심장이 멎은 환자에게 기도를 확보하고 심장 압박과 인공호흡을 통해 심장이 다시 힘찬 박동을 하도록 돕는 응급처치 기술이다. 무기력한 아이들이 심리적으로 마치 심장이 정지된 듯 지내고 있을 때 우리가 할 수 있는 심리적 심폐소생술은 역설적인 접근과 함께 긍정적인 에너지가 통과할 수 있도록 기도 확보를 해주고(환대), 실제로 심장이 다시 뛸 수 있도록 압박을 가하고(참여), 신체 조직에 산소를 공급하는 인공호흡을 해주는(존중), 이 세 가지 일이다.

무기력하게 지내온 아이들은 이미 오랫동안 자신을 초대받지 못한 사람으로 여기고 있어서 온갖 이유를 대며 모든 일에 참여하고 있지 않다. 그러므로 그들을 초대하고 환대하는 것으로 시작해야 마땅하다. 역설과 긍정에 이어지는 작업은 곧 초대와 환대다. 초대는 작게는 현재의 작업, 현재의 대화, 현재의 수업에 대한 초대지만 실제로는 그들의 인생에 다시 초대하는 일이기도 하다.

자신을 한번도 초대하지 않았던 연회, 그들만의 모임에서 다시 초대장을 받는다면 기분이 어떨까? 조롱과 야유, 멸시, 혹독한 자리에 다시 초대받는 것으로 인식한다면 아이들은 선뜻 응하지 않을 것이다. 따라서 형식을 달리해야 한다. 아이들을 위한 초대에는 환대가 보장되어야 하고, 환대는 마음의 심폐소생술에서 숨을 터주는 일, 기도를 확보하는 일이다. 가정이든 학교든 그 안에서 환영받는 존재라는 느낌을 주는 일로 시작해야 한다. 불청객, 꾸어다 놓은 보릿자루, 엑스트라, 자리

를 채워주는 사람, 불필요한 존재라는 느낌을 씻어내는 일로 시작해야
한다.

집에 오기까지, 학교에 오기까지 많은 일들이 있었다 :
존재를 환대하라!

존재에 대한 고마움이 환대의 출발이다. 가정에서는 있어주는 것만
으로, 학교에는 와준 것만으로 환영할 만한 일이다. 만일 우리에게 아
이들이 없다면 학교에 그 아이가 오지 않는다면 우리는 더 깊은 불행
에 빠질 것이라는 전제에서 출발해야 한다. 그러니 교문에서 그리고 현
관에서 환영을 표시하고 축하하고 고마움을 표시해야 한다.

환대를 표현하는 것은 헨리 나우웬Henri J. M. Nouwen 신부의 말처럼
적대감을 전환시키는 터닝 포인트다. 환대는 무기력한 아이들을 향하
던 적대감, 내적 연대의 단절을 풀고 함께 새로운 작업을 하는 자리를
만드는 것이다. 숨을 멈추고 겨우 기어서 드나들던 아이들에게 숨 쉴
터전을 만들어주는 일이다.

우리는 자신을 환영하지 않는데 억지로 가서 앉아 있을 때의 거북함
에 대해 잘 알고 있지 않은가. 오지 말아야 할 곳에 와 있다는 기분, 있
어서는 안 될 자리에 있다는 기분, 소외되고 배제하려는 자리에 매달
려 있는 기분, 백로들이 모인 곳에 끼어든 까마귀 같은 기분을 느끼면
무기력은 한층 강화된다. 단지 무기력해지는 것뿐만 아니라 잠자던 적

개심마저 깨어난다.

"네가 무엇을 하든 네가 있어야 할 곳은 바로 여기다."

"이곳이 바로 마땅히 네가 있어야 할 자리다."

이런 메시지를 전하고 존재와 소속에 대한 환대를 해줌으로써 즐거움의 싹이 터질 수 있다. 환대는 존재를 활력 있게 하고 마음의 문을 열게 하는 강력한 도구다. 눈을 감고 있다가 눈을 번쩍 뜨게 하는 환대의 경험이 지속적으로 아이들에게 전해져야만 한다.

미국의 국립 중도탈락센터에서 학교를 중단한 학생들에게 실시한 설문조사에서 아이들은 학교의 무관심과 학교에 올 준비가 되지 않았다는 이유로 박대당한 경험이 학교를 중단한 가장 큰 원인이라고 밝힌 바 있다. 별 탈 없이, 큰 어려움 없이 지내는 아이들에게는 학교에 오는 일이 아주 가벼운 일상 가운데 하나일 수 있지만 어떤 아이들에게는 학교에 도착할 때까지의 시간이 괴로움일 수도 있다. 지난밤 사이에 많은 일을 겪은 상태에서 정말 간신히 도착한 것일 수도 있다. 엄마 아빠의 ~~부부싸움~~으로, 게임을 하다가, 가기 싫은데 부모님과 실랑이를 벌인 뒤에, 친구랑 사이가 나빠진 상태에서 학교에 도착하기까지 복잡하고 우울한 심경으로 간 아이들이 적지 않다는 말이다.

마찬가지로 집에 들어오기까지도 학교에서 혼나고, 친구들과 다투고, 알아듣지 못하는 수업 시간을 참아내고, 줄곧 미움과 무시를 받다가, 가고 싶지 않은 곳에 가서 몇 시간을 긴장하고 지내다가 돌아온 아이들이 적지 않다.

어른들의 시각에서 보면 일상이 험난했던 시대에 비하면 크고 대단한 일이 아니겠지만 아이들의 입장에서는 편하지 않은 경험을 하고 오면 큰 피로감을 느낄 수 있다. 그러므로 수고했다고 말해주고, 잠시 쉬라고 말해주고, 편하게 있도록 해주어야 한다.

아이들의 등교와 귀가는 환영의 의례가 되어야 한다. 환대 여부는 환영에서 판가름이 난다. 환영받는 존재라는 느낌, 인사를 해주는 것, 잘 왔다고 해주는 것이 환대의 핵심이다. 그리고 정말 아이들이 온 것은 환영해줄 만한 일이다. 환영의 방식은 다양하다. 온 것을 알아주는 일부터 오늘도 잘 지내보자는 하이파이브, 힘든 일이 있으면 언제든지 이야기해달라는 당부, 혹시 중간에 가고 싶으면 꼭 말하라는 안내까지, 친절함은 환영에서 빠질 수 없는 요소다. 아침부터 괜히 오지 말아야 할 곳에 와 있다는 느낌, 빨리 나가고 싶은 곳에 할 수 없이 얹혀 있다는 느낌을 가지고 있다면 달라질 것이 아무것도 없다.

참여engagement : 심장을 다시 뛰게 해주는 일(심장 압박)

아이가 환영받는 존재로 탈바꿈한 뒤에는 할 일을 주어야 한다. 많은 학교에서 학급운영 방식으로 1인 1역을 시작한 지 오래다. 선생님을 도울 수 있는 가벼운 일로 학급에 참여하도록 할 수 있고, 집에서도 부모를 도울 만한 가벼운 일들이 많다. 아이가 무기력함에 머무는 가장 큰 이유는 해야 할 일이 없다고 느끼거나 할 수 있는 일이 없다고 생각하기 때문이다. 이런 상태는 배제와 소외, 무시에 민감하도록 만든다.

참여의 방식은 꼭 필요하면서도 어렵지 않은 일을 주는 것이 좋다. 애당초 어려운 일이라면 시작도 하지 않을 것이기에 쉽고 충분히 잘 해낼 수 있는 가벼운 일부터 하게 한다. 쓸모없음과 무가치함과 무존재감에 시달렸던 아이들에게 가볍게 할 수 있는 일로 학급과 가정에 동참하게 하거나 선생님과 부모님을 도울 수 있는 존재로 여길 수 있게 하는 일은 작은 변화지만 자신에 대한 입장을 조금씩 바꿀 수 있게 해준다.

무기력한 아이들이 참여하게 하는 바람직한 방식은 공헌과 기여다. 비록 집이나 학교에서 부모나 선생님이 바라는 큰 것은 당장 할 수 없을지 몰라도 작지만 기여할 수 있는 일들은 많다. 학급과 가정을 관리하고 보살피는 일 가운데 가벼운 것부터 아이들이 할 수 있는 일들을 찾아내야 한다. 특히 관계적인 공헌과 기여는 아이들에게 학급과 가정에서 지위를 달라지게 만들 수 있다. 눈에 보이는 지위야 달라지지 않을 수 있지만 보이지 않는 지점에서 아이는 변화를 느낄 것이다. 이런 관계적 공헌과 기여가 아이의 재능과도 연관된다면 더 좋을 것이다.

만일 아이의 참여를 이끌어내기로 결정했다면 나머지는 부모나 선생님의 창의성과 관련이 있다. 어떤 선생님은 아침 조회 시간에 날씨나 미세 먼지를 반 아이들에게 알려주는 일을 하도록 제안하거나 학급 게시판에 단어의 뜻을 하나씩 써서 알려주는 일, 학급 신문에 실을 인터뷰를 하는 일, 그날그날 급식에 대한 평가 등을 하게 한다. 그러다 보면 차츰 아이의 창의성이 빛을 발해서 나중에는 자기가 학급신문 편집장을 하겠다고 나섰다는 이야기를 들은 적도 있다.

진료를 받으러 오는 학부모 한 분은 집에서 여러 기기들을 충전하는 일, 재활용 쓰레기를 분류해서 버리는 일, 현관 앞에 메모판을 설치하는 일, 청소 일부를 돕는 일, 엄마의 종교 활동과 관련한 문서를 만들어주는 일 등을 제안했다고 한다. 비록 공부와 직접적인 관련이 있는 것은 아니지만 아이에게 가족과 집안에 기여할 수 있는 기회를 줌으로써 용돈도 받고 가족 관계도 좋아진 사례다.

참여가 확장되면 아이들은 점점 자신이 속한 집단에 대한 주인의식이 생긴다. 소속감은 무기력한 아이들에게 최소한의 자신감을 제공하는데, 특히 공헌과 기여에 의한 참여를 통한 소속감 강화가 효과적으로 발휘되면 스스로 할 일을 찾게 된다. 그러면서 배제와 소외감이 만들어낸 깊은 상처가 조금씩 치유될 수 있다. 할 일이 없는 사람에서 할 일이 있는 사람이 되었을 때 생기는 변화는 엄청나다. 할 일을 준 사람과 조직에 충성심이 생기기도 하고, 학교와 가정에서 참여 정도가 확대되면서 그 부분에 격려를 받으면 아이들의 변화는 지속적인 선순환을 일으킬 수 있다. 한마디로 자신이 존재해야 할 이유가 분명해지므로 죽은 채 지내는 시간이 줄어들게 된다. 아이들의 자발적인 행동은 때로 기대 이상의 성과를 보이기도 한다.

존중_{respect} : 산소를 공급하는 일(산소 공급)

무기력하게 지내온 아이들이 그간 받아온 대접은 정서적으로 무시당하고 조롱받는 일이었다. 또는 이유와 무관하게 혼나는 일이었다. 그러나 아이들이 역설적인 과정을 통해 다른 대접을 받고 환대와 참여의 기회를 갖게 되면 적어도 태도에 조금씩 변화가 생긴다. 그리고 간혹 수업 시간에 자고 있는데 선생님이 '그럴 이유가 있을 것'이라고 하면서 존중하는 태도를 보여주면 더 달라질 계기가 만들어진다.

존중은 아이들을 대할 때 품격을 갖게 해주는 마력이 있다. '남에게 대접받고자 하는 대로 남을 대접하라'는 황금률은 존중의 근거다. 아이들이 더 진지하고 진실하게 행동하기를 원한다면 마땅히 아이들을 존중해야 한다. 그러면 아이들도 부모님이나 선생님을 더 존중하는 마음으로 대할 것이다. 아이들을 쓰레기 같은 놈이라며 함부로 대하면 정말 쓰레기 더미 위에서 행동하듯이 어른에게 함부로 할 것이다. 존중하는 분위기라는 새로운 공기가 들어가면 아이들은 마법처럼 새 옷을 갈아입는다. 존중의 옷을 입으면 행동도 뒤따라서 거친 욕설을 사용하지 않으며 심한 행동을 자제하게 된다. 예비군복을 입고 있다가 신사복을 갈아입은 사람처럼 말이다.

진료실에서의 만남도 존중의 만남이다. 아이들을 존중하면 거부감이 낮아진 상태에서 내가 건넨 말을 아이도 진지하게 생각해보게 된다. 일상에서 생각하지 않았던 것을 생각해보게끔 하는 것이다. 물론 진료실을 나가면 다시 예전으로 돌아갈지 모르지만 그래도 진료실 안에서는 생각해보려고 애쓰는 표정을 짓고 실제로 생각을 한다. 존중은 이렇게 거부감을 낮추고 산소 같은 생각들을 가끔은 자신에게 그리고 상대방에게 전한다. 내가 쓰는 글의 기원 역시 아이들에 대한 존중의 산물이다. 때로는 시적인 표현으로 나를 감탄시키는 아이들도 있고, 둘이 마주보고 앉아 마음을 물으면 내가 존중해주고 있다는 느낌을 받고 아이도 나를 존중한다는 것을 느낄 수 있다. 그러므로 존중 없이 새로운 마음가짐을 갖게 하는 것은 불가능하다. 우리가 아이들을 존중하지 않으면서 아이들이 진지해지기를 바라는 것은 어불성설이다.

환대, 참여, 존중은 태도를 달라지게 한다

환대, 참여, 존중의 시간들이 지속되면 아이들의 태도는 틀림없이 달라진다. 하지만 아이들의 행동이 달라지는 데는 많은 시간이 필요하다. 이 시간을 견뎌낼 때까지 역설적인 시도와 환대, 참여, 존중의 심폐소생술은 계속되어야 한다. 아이들이 무기력 상태를 벗어던지는 것은 그만큼 쉬운 일이 아니기 때문이다. 그것은 고통과 만나는 일이고, 괴로운 현실을 직면해야 하는 일이고, 트라우마를 극복해야 하는 일이다. 때로는 태도가 좋아지는 것만으로 끝나는 아이들도 있다. 그것만으로도 충분하다고 생각해야 한다. 달라지기 위해 필요한 모든 것을 쏟아부어도 결국 선택은 아이들이 하는 것이니 이 또한 존중해주어야 한다. 아이들을 향한 조바심은 다시 불안감을 가중시키는 일이 될 것이다. 그러므로 신중한 교사와 부모라면 이 과정에서 절대 조바심을 내비쳐서는 안 된다.

03

무기력에서 벗어나
다시 살도록 돕기

- 격려

사랑은 갖지 않은 것을 주는 것이다.

- 자크 라캉

낙심하지 않도록 따뜻한 분위기를

역설과 긍정, 환대 그리고 참여가 무기력한 아이들을 대하고 이끄는 어른들의 자세여야 한다면 아이가 지속적으로 도전할 만한 용기를 갖게 하는 것은 격려와 칭찬이다. 칭찬의 효과는 말할 것도 없고 격려의 중요성도 이미 아들러의 책을 통해 널리 알려져 있다. 격려와 칭찬하는 분위기를 만드는 것은 성장하는 아이들에게 어른들이 해주어야 하는 가장 큰 책무다. 아이들을 실패하게 하고 못하게 하고 일부러 무기력하게 만들 이유란 세상에 없다.

어린 시절부터 호기심이 많고 상상력이 풍부했던 에디슨은 일찌감치 학교에서 외면을 받은 아이였다. 그는 정규 교육과정이 왕성한 호기심을 채워주지 못하자 학교를 등한시했고 결국 '문제아'로 낙인찍힌 채 열두 살에 학교를 그만두었다. 달걀을 품어 부화시키려고 한 유명한 일화에서도 알 수 있듯이 에디슨의 행동은 평범하지 않다. 하지만 에디슨의 어머니는 그의 행동을 이상하게 여기지 않았고 어떤 시도를 하든 받아들이고 격려해주었다. 여기에 문제아를 '발명왕'으로 만든 해답이 있을 것이다.

무기력한 아이들을 위해서도 가정, 학교 그리고 교실 전체에 긍정적인 분위기가 조성되어야 한다. 무엇보다 실수나 실패에 아주 관대해야 한다. 실수는 친구요, 실패는 기회라는 인식을 바탕에 깔고 있어야 한다. 가끔 '성장학교 별'과 일반 학교에서 진행하는 행사를 비교할 때가 있는데 언젠가 행사가 잇달아 있어서 같은 날 두 곳을 간 적이 있다.

밴드부원들이 연주를 하다 보면 실수를 하는 일도 있는데 '성장학교 별'에서는 그냥 '다시 잘해보자' 정도로만 이야기하는데 비해서 일반 학교에서는 아이들에게 '내려오라'고 소리치며 혼내는 장면을 보았다. 잘해보자고 하면 아이들은 힘을 내서 다시 하려고 하지만 혼난 아이들은 위축이 돼서 무대에 올라가는 것을 꺼리게 될 것이다. 사소한 일 하나에서도 학교 전체가 야유하고 멸시하고 조롱하는 분위기인지 격려하고 응원하는 분위기인지 알 수 있고, 여기에는 엄청난 차이가 있다.

학급 운영에서도 잘하는 것보다 일취월장하는 것이 더 중요하다고 생각하는 분위기를 만들어주어야 한다. 한 학기를 시작할 때마다 어떤 아이에게 어떤 변화를 시도해볼까, 조심스럽게 찾아서 영향을 미치도록 해야 한다. 그리고 학기가 끝날 즈음에는 잘한 아이는 물론이고 많이 변화한 아이를 칭찬해주어야 한다. 이것이 곧 아이들을 무기력한 상태에서 벗어나게 하는, 무기력에서 벗어나면 '환영받는다'는 메시지를 전하는 가장 중요한 방법이다. 또 어른들은 노력하는 아이를 가장 멋있게 생각한다는 메시지를 전하는 일도 중요하다. 여기서 간과해서 안 될 것은 불필요한 더하기를 하지 말라는 것. "지금 너한테 얼마나 노력이 필요한지 알지?", "지금 네 상태가 얼마나 많은 노력을 요구하는지 알지?" 같은 말은 노력의 메시지가 아니라 압박의 메시지라는 것이다. 현재 얼마나 많은 노력이 필요한지를 강조하지 말고 노력한다는 것 자체가 얼마나 아름답고 멋진 일인지를 강조해야 한다. 이 차이를 알면서도 자꾸 잊어버리고 "지금 네 수준 알지, 여기는 시골이야. 진짜 많이 노력해야 돼"라고 압박하는 것은 무기력한 아이들에게 '아, 나는 안 되겠구나, 빨리 못한다고 해야겠어' 하고 뒤로 뺄 전략을 짜라는 신호를 보내는 것이나 다름없다.

격려의 의미

무기력한 아이에게 가장 필요한 것은 무언의 격려와 언어적 격려다. 그런데 우리는 격려를 받아본 적도 해본 적도 별로 없어서 다양하게 격려하는 법은 고사하고 기본적인 격려조차 할 줄을 모른다. 아마 '혼내기 대회'가 있어서 상대방을 혼내라고 하면 화를 잘 돋우면서 재미있게 참여할 것 같은데 격려는 경험도 없고, 할 줄도 모르고, 애초에 뭐가 격려인지도 모른다. 실제로 교사들에게 아이들을 어떻게 격려하느냐고 물으면 "열심히 해", "잘해", "잘하면 피자 한 판 쏠게"라고 한다는 대답이 돌아왔다. 이런 게 정말 격려일까? 열심히 하라거나 잘하라는 말은 압박이지 격려가 아니다. 상황에 따라서 달라지거나 조건을 내거는 것은 격려라기보다 보상, '네가 퍼포먼스를 보여주면 내가 물질적으로 보상해줄게'라는 어쩌면 보상을 넘어서 뇌물에 속하지 않을까 싶다.

아들러는 격려를 '아이를 신뢰하고 존중하며 실수나 실패를 해도 자존감을 훼손시키지 않는다는 것을 보여주는 일'이라고 했다. 격려의 영어 표기 'encouragement'는 '용기'라는 뜻의 'couragement'에 접두어 'en'이 붙은 것이다. 즉, 원래 격려는 '용기를 다시 갖게 하는 것'이다.

더 근원적으로는 'cour'의 어원이 '심장'을 의미하므로 '심장이 다시 뛰게 만드는 일'이다. 무기력한 아이의 죽어 있던 심장이 다시 뛰어서 '죽어 있기'에서 '다시 뛰기'로 용기를 내도록 하는 과정이라고 할 수 있다.

여러분은 누군가에게 용기를 갖도록 도와준 적이 있는가? 아이가 어떤 시도를 했다가 실수하거나 실패했더라도 아이를 믿고 깎아내리거나 상처 주는 말을 하지 않고 다시 용기를 내도록 북돋워준 적이 있는가? 아이를 신뢰도 존중도 하지 않으면서 실수했다고 "네가 이렇게 하면 내 체면이 뭐가 되니? 앞으로 너를 어떻게 믿어?"라고 몰아붙이지는 않았는가? 이런 말을 들은 아이들은 다시 힘을 내서 뭔가를 해보기가 힘들어진다.

격려의 3가지 요소

루돌프 드라이커스의 책에는 시험에서 60점을 맞은 아이를 격려하려면 "맞힌 문제가 더 많다는 사실 잊지 마"라고 말해야 한다는 대목이 나온다. 아들러 학파는 교사들을 교육시킬 때는 만약 아이가 시도한 어떤 퍼포먼스가 실패했더라도 "모든 시도는 아름다운 거야. 그래, 너 잘 도전했어. 결과가 이렇게 나왔다고 낙담하면 안 돼. 그래도 잘한 게 많잖아"라고 말하라고 한다. 낮은 점수를 맞은 아이에게도 "봐, 맞힌 문제가 더 많잖아. 이 사실을 잊지 말아야 해"라고 말하도록 권고하고 있다. 교사와 부모는 아이가 어떤 시도를 했다가 안 돼서 낙담하거나 좌절을 겪어도 '두 번 다시 안 하겠다'는 생각이 들지 않게 해야 한다.

낙담하지 않도록 하는 것 다음으로 중요한 일은 "나머지 문제에 다시 한 번 도전해볼래? 어쩌면 알면서도 단순히 실수해서 틀린 게 있을지도 모르잖아"라고 하는 것이다. 정말로 몰라서 틀렸는지 아니면 알면서도 실수한 건지 확인하고 모르거나 어려운 것이 있으면 도움을 요청하도록 한다. 그리고 다시 도전했는데도 모르는 문제가 있을 때는 다 알아낼 때까지 너를 돕고 싶다는 뜻을 전해야 한다.

정리하자면 격려를 할 때 우리가 아이에게 해주어야 할 말의 요소는 첫째, 낙담하지 않게 하는 것. 둘째, 다시 도전할 마음을 가지도록 하는 것. 셋째, 주변 사람들이 너의 성공을 간절히 원하고 있음을 전하는 것이다. 무엇보다 이런 내용이 진심으로 전달되어야 한다.

그런데 현실에서 정작 아이들은 어떻게 느낄까. '우리 담임선생님은 나의 실패를 너무 즐거워하는 것 같아. 그럴 줄 알았다고 약을 올리고는 그만이야.' 아이들을 무기력하게 만드는 선생님들이 주로 사용하는 말의 특징은(아이들 입장에서는 선생님이 곧 '우리가 잘 못하도록 내버려둔 사람'인데) '잘 못할 것을 예측했다'고 본인이 시인한다는 것이다. 아이들에게 '나를 방임한 부모'와 '나를 방관한 선생님'은 결국 똑같은 사람, 정작 내가 필요로 할 때는 곁에 없는 사람이다. 아이들은 결과적으로 내가 필요할 때 아무리 절규해도 안 나타난 부모와 교사에게 애착이 사라지고 무감각, 무감정, 무정동해진다.

학교나 학급 차원의 시스템과 어떤 활동을 통해서 무기력한 아이들을 도울 때 교사가 아이들과 어떻게 관계를 맺는 사람인가, 반이라는 아이들 집단에 어떤 태도를 갖고 있는 사람인가는 매우 중요하다. 여기에 따라서 아이들은 더 무기력하게 지낼 것인지, 그래도 한번 해볼 것인지 노선을 정하기 때문이다. 교사가 아이를 낙담하지 않도록 돕고 다시 도전해보도록 권하는 사람이라면 아이들은 '이 선생님은 우리가 성공하도록 돕는다'는 것을 받아들여서 해보고 싶어지고 해보겠다고 말할 수 있게 된다. 반대로 '저 선생님은 우리가 잘 못하면 짓밟고, 그럴 줄 알면서도 보고만 있고, 그래놓고는 우리가 실패하면 즐긴다'고 생각한다면 아이들 입장에서는 선생님한테 욕먹는 일밖에 없다는 것을 알고 아무것도 하려 들지 않을 것이다.

격려의 말들

정신과 의사이자 교육심리학자인 루돌프 드라이커스의 책에는 '너는 ○○○○을 잘하는데 참 보기 좋고 마음에 들어' 같은 표현이 격려라는 내용이 나온다. 그냥 '너 잘해'가 아니라 '네가 열심히 하는 모습이 보기 좋아', '네가 이렇게 하는 것을 보니 발전하는 것 같아서 참 좋아'처럼 어떤 모습이 좋다든지 마음에 든다고 말해주라는 것이다.

아이가 문제 행동을 했을 때에도 '너를 좋아하지만 네 행동은 너를 좋아하지 못하게 한다'라거나 '네가 어떻게 하는 것이 우리를 돕는 것인지 시도해보지 않을래?'라고 말하는 것이 격려에 해당한다. 또 '실수

는 누구나 하는 거야. 실수를 통해서 무엇을 배웠는가가 더 중요해', '너
는 자꾸 못할 거라고 그러는데 우리는 네가 할 수 있다는 걸 믿어. 포
기하지 말고 계속해봐. 어려우면 언제든지 도움을 요청하면 되잖아. 네
가 많이 힘들 거라고 생각하지만 그래도 우리는 네가 해낼 수 있는 힘
이 있다는 걸 믿어'라고 말하는 것이 격려다.

우리에게는 격려의 정의를 생각해보고 의도적으로라도 연습해보는
노력이 필요하다. 어른들은 흔히 '내가 널 어떻게 믿니?'라고 말하곤 하
는데 이런 말이 아이에게 치명상을 입힌다는 것을 잊지 말아야 한다.
현재 어려움에 처해 있는 아이를 돕겠다고 생각한다면 신뢰를 표현하
는 것이 격려의 가장 기본적인 조건이자 '너를 존중하겠다'는 의사를
전달하는 일이라는 것을 명심하자. 그래야 아이가 실수하거나 실패하
더라도 '내 자존심을 상하게 하지는 않을 것'이라는 강한 믿음을 갖게
된다.

비교 섞인 격려는 격려가 아니다

우리가 종종 격려라고 생각하지만 격려가 아닌 말도 있다. 비교가 섞
인 격려는 온전한 격려가 아니다. 엄격히 말해서 '너, 참 잘한다'는 표현
도 격려가 아니라 칭찬에 가까운 평가에 해당한다. 이런 말보다 '네가
노력하는 모습이 마음에 들어'가 격려의 표현에 더 가깝다.

우리의 마음속에는 비교 패러다임이 너무 크게 자리를 잡고 있어서

아이들을 더 쉽게, 더 크게 낙담시키는 재주가 뛰어나다. 특히 무기력한 아이들을 다룰 때는 더 심하게 비교를 하게 돼서 "야, 너 이렇게 살아서 어떡하려고 그래?"라는 말을 하곤 하는데 이 말은 곧 '너처럼 살지 않는 사람이 훨씬 더 많다'는 의미를 담은 강한 비교에 속한다. 가령 축구를 잘하는 아이에게 "야, 너 공 잘 차네. 진짜 축구 잘하는데"라고 말할 수 있는데 이 말에는 상대적으로 '잘 못하는 아이도 많은데 너는 잘한다'는 의미가 담겨 있다고 할 수 있다. 이때는 "너 공차는 거 진짜 좋아하는구나"라고 말해주는 것이 격려에 해당한다.

자꾸 비교하는 말 습관을 버리도록 노력해야 하며 상황에 따라서 조금씩 다르게 적용할 수 있는 적절한 격려의 표현들을 배우고 연습하도록 해야 한다. 비교는 잘하는 아이에게도 부담을 줄뿐더러 못하는 아이에게는 말할 것도 없다. 특히 칭찬한다고 한 것이 잘못돼서 비교가 되는 상황을 경계해야 한다.

무기력한 아이들, 무능함을 보이는 아이들을 변화시키는 마법은 곧 격려하는 분위기를 만드는 것이다. 그리고 격려하는 분위기를 만들 때 가져야 할 태도는 무조건 아이의 존재 자체에 가치를 두는 것이다. 아이에게 신뢰를 보여주고 아이가 자기 자신을 신뢰할 수 있도록 돕고 나서 아이가 하려는 노력과 현재 가지고 있는 능력을 진심으로 믿어야 한다. 실제로 나는 그동안의 경험을 통해서 교사가 아이를 신뢰하는 것이 얼마나 아이를 변화시키는 데 큰 힘이 되는지를 알았다. 또 학급 구성원들이 그 아이를 도와주려고 애쓰고 지지하면 훨씬 더 고무되는 모습도 여러 번 보았다.

상담센터나 병원에서는 사회기술훈련이라고 해서 아이들에게 일대일로 '이럴 때는 이렇게, 저럴 때는 저렇게' 하는 식으로 롤 플레이를 시키는데 당연히 학교에서는 또래들이 상담자들처럼 반응을 해주지는 않으니까 잘 안 되는 경우가 많다. 즉, 일반화가 안 되는 것이다. 그런데 이때 한 아이라도 "와, 너 진짜 노력 많이 하는 것 같아. 정말 달라졌어"라고 말해주면 그동안 선생님이나 부모님이 격려한 것은 '선생님이니까 (부모님이니까) 그러는 거겠지. 사실은 아닐 수도 있어'라고 생각했던 아이가 정말인가 하고 받아들이게 된다. '어, 진짜인가? 애들도 그렇게 말하는데' 하고 말이다. 또 교사가 학급 아이들 전체가 있는 자리에서 한 아이의 장점을 지지해주거나 모두에게 각자의 역할이 있다는 것을 인식시켜주면 무관심과 무표정으로 일관하던 아이들도 반응을 보인다. 드디어 잠에서 깨어나 대답을 하는 것이다. 이때 '긴 잠에서 깨어나 하는 말이 고작 그거냐' 하는 식으로 반응하면 치명상을 입히기 쉽고, 비록 아이가 상황에 부적절한 말을 하더라도 "어, 그건 조금 특별한 의견인데" 하고 응대해주어야 한다.

세상 모든 것은 상대적이라고 생각하는 경향이 강한 나라들에서는 가령 교사가 질문을 하라고 했을 때는 어떤 질문이든 기본적으로 다 좋은 질문이라고 말해주는 편이다. '중요한 질문을 해주었다'고 반응한 다음에 대답을 해주는 식이다. 그런데 우리나라에서는 무슨 질문을 하면 상대를 무시하는 표현을 동원해서 면박을 주는 일이 흔하다. 중요한 것은 질문을 했다는 행위 자체를 칭찬하는 것이므로 '참 좋은 질문을 해주어서 고맙다. 미처 생각해보지 못한 면을 일깨워줘서 도움이 됐다'고 먼저 말한 다음에 자신의 의견을 피력하는 것이 좋다.

아이가 대답하기 곤란한 질문을 하거나 잘 모르는 것을 물어오면 어른들은 "너, 지금 꼭 그 질문을 해야 되니?" 또는 "너 그걸 말이라고 하니?" 하면서 면박하고, 특히 교사들은 자신과 다른 의견을 내면 분위기를 망친다고 받아들여서 짜증을 내기도 하는데 그러지 말았으면 좋겠다. 실제로 짜증나는 질문을 하는 일도 있을 테고, 빨리 진도를 나가야 한다거나 성적이나 성과를 내야 하는 압박감 속에서는 수업 시간에 아이들과 무언가를 심도 있게 다룬다는 것 자체가 힘든 일이기도 하다. 그러니 깊이 있는 지식을 다룰 여력이 아예 없다. 사람이 살아 있는 수업이 아니라 교과서에 맞춰 진도를 나가는 수업을 해야 하다 보니 아무리 좋은 질문이라고 해도 친절하게 대응하기가 힘든 것이 현실이라는 것도 알고 있다.

하지만 무기력한 아이가 어떤 반응을 보이면 반드시 호감 어린 응대를 해주었으면 한다. 그러면 아이들이 "와~" 하면서 엎드려 있던 아이들까지 깨어나서 수업을 듣게 될지도 모른다. 이때 교사는 또 "우리 ○○가 이렇게 수업에 참여해주니까 너무 좋은데"라고 말해주면 더 좋을 것이다. 같은 말이라도 하는 사람의 감정과 태도와 억양에 따라서 조롱이 될 수도 있고 격려가 될 수도 있다는 사실을 잊지 않았으면 좋겠다.

격려는 기회를 만든다

한국에서 재미없는 학교생활을 보내던 아이가 있었다. 그런데 아버지가 해외 발령이 나서 함께 그 나라로 가게 되었고 거기서는 무척 행복하게 학교를 다녔다. 그러다 사정이 생겨서 다시 돌아오게 되었는데 지금은 다니던 학교를 그만두고 다른 학교를 알아보고 있는 중이라고 한다. 이 아이는 원래 뚱뚱하고 운동신경이 둔한 편이었는데도 야구를 무척 좋아했다. 우리나라에서는 '그 몸으로 무슨 야구냐'면서 시켜주지도 않았고 코치나 선생님도 별 관심을 보이지 않았다. 그런데 외국에서는 야구에 관심이 있고 간절히 하고 싶다고 하니까 '그 열정이 진짜 좋다'며 기회를 주었다. 야구에 대한 박식함이 한국에서는 '입으로 야구하냐'는 핀잔을 듣게 했지만 그곳에서는 칭찬거리가 되었다. 그리고 실제 야구선수로 뛸 기회를 얻었고 타석에 서기까지 오랜 시간 동안 팀원과 선생님들의 응원을 받았다. 처음으로 안타를 친 날에는 모두 환호성을 지르며 기뻐해주었다. 아이의 노력에 대한 격려 차원에서 잠깐 야구부 주장을 할 기회까지 얻었고 살도 빠져서 자신감을 가득 안고 한국에 돌아왔다. 그런데 막상 돌아와 보니 한국에서는 여전히 아이에게 기회를 주려 하지 않았다.

우리는 무기력한 아이들을 변화시키기 참 어려운 환경에서 살고 있다. 아이가 무기력하다는 것을 알고 왜 무기력해졌는지를 알아도 그 아이를 변화시키기 위해 사용할 수 있는 접근 방법인 격려를 제대로 하고 있지 못하다. 사회의 전반적인 분위기도 마찬가지다. 반면에 혼내는 것, 조롱하는 것, 약 올리는 것, 협박하는 것은 아주 뿌리 깊이 몸에 배어 있다. 또 잘한다, 못한다는 평가를 너무 자주 하며, 결과적으로 잘한 것을 놓고도 '너 진짜 잘한다'고 말하는 것조차 당사자에게 제대로 동기나 보상이 되지 못하는 분위기에서 생활하고 있다.

격려를 받아보지 못했던 아이가 격려를 받으면 어색해하지만 그래도 속으로는 '나를 위로해주려고 애쓰네, 나쁜 사람은 아닌가 봐' 하고 생각하게 된다. 무기력한 아이들은 신뢰를 받아본 경험이 없어서 처음에는 익숙하지 않을뿐더러 상대에 대한 테스트를 하려고 든다. 그동안 수많은 어른이 나를 약 올렸기 때문에 '갑자기 나타난 인간이 생뚱맞게 왜 이러나' 확인해보고 싶은 것이다. 아이의 성적을 놓고 교사와의 사이에 이런 대화가 오갈 수 있다.

교사   내 생각에는 그렇게 못한 건 아닌 것 같아. 괜찮은데 뭘.

아이   (반응을 시험하려고) 아, 뭐가 괜찮아요? 아유, 너무 많이 틀렸잖아요.

교사   (그래도 변함없이) 시험이란 점수를 매긴다는 측면도 있지만 뭘 알아보자고 하는 거잖아. 혹시 틀린 문제 중에 다시 보고 싶은 것 없어?

아이   아이고, 짜증나게 틀린 문제를 왜 다시 봐요.

교사   그래도 다시 한 번 보자. 모르겠으면 선생님이 도와줄 테니까 해봐.

아이   에이 씨, 몰라요.

사실 이 정도면 아직은 격려하는 교사도 격려를 받는 아이도 어색한 단계이므로 선생님의 마음은 충분히 전달됐다고 할 수 있다. 무기력한 아이들은 격려받는 것을 어색해해서 말을 주고받는 횟수가 많지 않아도, 즉 이렇게 시험 결과에 대해 몇 마디 나누는 정도만으로도 일단 낙담과 도전에 대한 격려를 한 것이라고 볼 수 있다. '나는 네가 성공하는 경험을 해보길 바라'라는 마음만 전달하면 아이도 그걸 느끼는 것이다. 내내 무기력한 상태로 학교에서 잠만 자던 아이에게 '변해, 말아?', '해, 말아?' 하는 간단치 않은 결정, 중대한 결정을 하게 만드는 자극을 제공한 셈이다.

가령 중학교 2년 동안 잠만 자던 아이가 중3이 되어서 한 선생님을 만나 달라질까 말까를 고민하는 중이라고 하자. 이쯤 되면 학교 아이들 사이에도 벌써 '작년까지 엄청 자더니 ○○○ 선생님 만나서 안 잔다'는 소문이 쫙 돌았을 것이다. 이런 상황도 아이가 변할까 말까를 결정하는 데 중대한 영향을 미친다. 게다가 만약 변해야겠다고 결정했다면 어쨌든 자신이 뭔가를 해야 한다는 위험을 감수해야 하므로 만만한 일이 아니다. 끈기도 없는데 혹시 한다고 했다가 그만두면 '그럴 줄 알았다'는 소리를 들을 걸 감당해야 한다. 아이 입장에서 어떤 변화를 결정하기란 교사나 부모가 생각하는 것보다 훨씬 힘든 일이라는 것을 알아주어야 한다.

이렇게 아이들은 무언가를 하겠다는 마음을 먹고도 자신을 도와주겠다고 자청한 선생님이 괜찮은 사람인지 어떤지를 테스트하려고 든다. 진정성을 테스트하고, 인내심을 테스트하고, 칭찬하는 게 진심인지를 테스트한다. 또 주위 사람들의 반응과 친구들이 나를 어떻게 보는지도 신경을 쓴다. 그러면서 자신이 진짜로 할 수 있는지를 타진한다. 강하게 마음먹고 무언가를 해본 적이 없기 때문에 한다고 해놓고도 할수 있을지 없을지 자기도 모르는 것이다.

　교사든 부모든 인생을 좀 살 만큼 산 어른들은 잠재력이라는 것을 알고 믿는 측면이 있다. 상황과 처지를 잘 파악해서 자신의 능력과 체력이 할 수 있는 것과 못할 것을 구분할 줄도 안다. 말하자면 나이가 들어가면서 자신의 가능성을 조절해서 포기할 것은 포기할 줄 알기에 '아, 내가 지금 20대라면 옛날같이 안 살았을 거야'라는 말을 할 수도 있는 것이다. 하지만 아이들은 그렇지 않다. 자기도 자기를 잘 몰라서 한편으로는 용기를 내기가 더 어려울 수도 있고, 교사가 격려할 때도 처음에는 장난치거나 비아냥거리는 것처럼 들을 수 있다. 아이들이 삐딱한 반응을 보이는 이유를 잘 살펴서 너그럽고 끈기 있게 격려해주어야 한다.

아이가 원하지 않는 도움을 주는 것은 잘못일까?

　점심시간에 혼자 밥 먹는 아이가 있어서 교사가 이 아이에게 다른 아이를 붙여주기로 했다면 좋은 생각일까 아닐까. 아이가 원하지 않은 일이거나 아이와 상의하지 않고 정한 일이라면 결국 강요한 것이나 다를 바 없으므로 그나마 혼자서라도 밥을 먹던 아이가 앞으로는 아예 밥을 거르고 점심시간마다 화장실로 숨어버릴지 모른다. 교사는 선의로 한 일이지만 나쁜 결과를 초래할 수 있는 것이다. 요즘 아이들은(옛날에도 물론 그랬지만) 나와 상의했느냐 안 했느냐를 아주 중요하게 여긴다. 청소년기의 특징이 자주와 자율인 것처럼 자기 의지가 상당히 강하고 '나는 나니까 내 의견이 중요해서' 아무리 좋은 일이라도 당사자와 상의하지 않았다면 시켜서 하는 일로 받아들인다.

반면에 무기력한 아이들은 시키는 일만 해내기도 벅차다. 스스로 생각해서 하는 게 잘 안 되고, 자기가 정하는 것은 너무 불확실하고 위험하다고 생각하므로 남이 정해주면 그대로 따르는 것을 선호한다. 이런 아이들에게는 누가 시켜서 하면 자기가 책임지지 않아도 된다고 여기는 습성이 배어 있다.

아무리 아이를 돕기 위해서 기발한 아이디어를 떠올렸다고 해도 가급적 아이의 동의를 얻어서 정도를 조절하는 것이 바람직하다. 아까 같은 경우라면 "일주일에 한 번 정도만 네가 좋아하는 아이 가운데 골라서 앉도록 하면 어때?" 하고 조심스럽게 접근하는 것이 좋다. 민주주의에서 중요한 것은 절차와 과정인 것처럼 대중에게 좋은 혜택을 주었다고 해서 반드시 대중도 그것을 고마워한다고 볼 수는 없기 때문이다.

04

무기력한 아이들에게
다가가는 유형별 방법

- 결핍형 무기력
- 과잉열망형 무기력
- 오래된 무기력

꾸짖는 것은 차갑게 만드는 것이다.
혀의 채찍질은 일종의 매질이다.
– 마이클 아이건

결핍형 무기력

자신이 무능하다고 생각해서 비관적인 아이들

만성적으로 자신이 무능하다고 생각하는 비관적인 아이들이 있다. '나는 해도 안 된다', '해본 적이 없다'고 말하는 아이들의 박탈감과 결핍은 어떻게 메워주어야 할까? 상담을 하려고 진료실에 찾아오는 아이들이나 도움을 주고 싶어서 다가간 아이들이 보이는 반응도 한결같다. "저는 잘하는 것이 하나도 없어요", "저는 제대로 뭘 배워본 적이 없어요", "제가 뭔가를 했을 때 잘했다고 칭찬받은 기억이 없어요", "그래서 지금은 아무것도 안 하고 있어요."

학교에 와서 늘 자거나 무기력해 있는 아이들을 대할 때 그 아이가 무기력해진 역사를 아는 것은 매우 중요하다. 초등학교 때부터 죽 그렇게 지낸 아이라면 변화를 기대하기란 쉽지 않을 것이다. 너무 오랫동안 방임 상태에서 제대로 돌봄을 받지 못했고 자라는 과정에서 지속적으로 칭찬이나 격려를 받아본 경험이 거의 없는 아이들은 변화 프로젝트를 시작해도 결과가 그리 좋지 못한 편이다. 이런 사실을 전제로, 즉 우리가 생각하는 이상적인 목표에 도달하기는 어렵다는 것을 염두에 두고 출발한다면 그래도 실패를 줄일 수는 있을 것이다. 쉼터에 머무는 가출 청소년이나 청소년 회관(드롭인센터drop-in center) 등 소위 위기 청소년들을 상담하는 곳에서 슈퍼비전을 할 때도 '아이가 엄마와 안정적으로 산 것이 몇 살 때까지인지'를 확인하는 작업부터 하는데 초기에 안정적인 애착 관계를 형성해본 경험이 없는 아이에게는 다가가기도 변화시키기도 힘든 편이다.

 교사가 경력이 많아지면 괴로운 일들이 생기는 것처럼 의사도 경험을 쌓을수록 힘들어지는 일들이 생긴다. 30대 때에는 학교생활에는 눈곱만큼도 관심이 없고 도둑질이나 하고 다니는 아이가 찾아와도 그 아이랑 어쨌든 열심히 해봐야겠다는 생각을 했다면 40대 후반이 된 지금은 그동안의 경험상 뭔가를 열심히 해서 좋아진다고 한들 어디까지일 거라는 한계를 알고 있으니까 시작하기도 전에 김이 빠지곤 한다. 아무리 열심히 해도 아이가 도달할 수 있는 수준이 어디까지라는 것이 보이니까 날이 갈수록 힘들어진다. 그래서 쉼터나 그룹 홈 선생님들과 '청소년기를 마칠 때까지는 이 아이가 범죄자가 안 되는 것만으로 대성공'이라고 이야기하곤 한다.

 상황이 이러한데 무기력에 빠진 아이를 우등생으로 만들겠다는 거창한 목표를 세운다면 그것은 어차피 실패할 확률이 높은 자기만의 욕심에 지나지 않는다. 이렇게 말할 수밖에 없는 이유는 이 유형의 아이들이 지닌 핵심인지 자체가 상당히 만성적이고 오랫동안 누군가로부터 격려를 받거나 자신의 재능에 대한 발견을 해준 경험이 없기 때문이다. 또 현재 잘하는 것이 하나도 없다고 생각하는 결핍의 무기력, 어떻게 보면 세대적 무기력(이렇게 표현하는 것은 이런 아이들은 부모님도 똑같이 무기력한 경우가 많아서다)에서 비롯한 것이기 때문이다. 이런 아이들에게는 무기력하게 지내는 것이 일상이고 보통이다. 휴일이나 연휴에는 하루 종일 텔레비전을 보거나 누워서 잘 뿐 어디를 여행한다든지, 책을 읽는다든지, 영화를 보러 간다든지, 특별하고 발전적인 뭔가를 하면서 살아본 경험이 거의 없다. 부모는 돈만 생기면 술을 먹고 집안은 지저분하게 어질러져 있고 식사도 제때 안 챙겨주고…. 이런 생활이 기본이고 당연하며 일상적인 아이들에게는 뭘 한다는 것 자체가 이상한 일에 속한다.

가정 형편이 어렵고 엄마 아빠는 맨날 싸우거나 일하느라 바쁘고 구체적으로 '너는 이걸 참 잘한다'는 말을 들어본 적이 없는 아이들, 눈에 띄는 듯 마는 듯 그래도 초등학교 때까지는 그렇게 우울하거나 어둡게 지내지 않았는데 중학교 올라가서 성적이 자꾸 떨어지면서 사람들의 눈길을 전혀 못 끌게 된 아이들, 그냥저냥 학교에 다니는 시늉은 하고 있지만 적극적으로 뭔가를 하는 것이 하나도 없는 아이들에게 고등학교 1학년이 된 어느 날 선생님이 다가와서 "야, 너 이거 되게 잘한다. 와, 선생님이 몰랐는데 너한테 이런 재능이 있었구나"라고 말한다면 아이는 어안이 벙벙해질 것이다. '지금까지 있는 둥 없는 둥 살아온 내게 갑자기 무슨 재능이래? 이런 얘기 처음 들어보는데….' 이 유형의 아이들이 가지는 기본적인 태도는 칭찬을 어색해해서 주변에서 자기한테 무슨 재능이 있다고 말해도 잘 믿지 않는다는 것이다. 그런데 뭔가를 해본 적이 없는 만큼 처음에는 좀 어색해하지만 꾸준한 관심을 보이면서 긍정적인 방향으로 이끌면 조금씩 변화시킬 수 있다는 것이 장점이기도 하다.

좋아하는 것을 하면서 행복하게

자기 스스로 자신을 좋아하지 않는 것도 만성적 박탈감과 무능감을 가지고 살아온 아이들의 특징이다. 내가 나를 칭찬하는 데 매우 인색하고 그걸 받아들이기가 힘들다. 정말 내가 잘하나 하고 살짝 인정하려다가도 그동안 자기가 봐온 더 잘하는 아이들과 비교를 하면서 자기는 잘하는 축에 끼지 못한다고 자기비하를 하게 된다.

그런데 잘하는 것이 그렇게 중요할까, 아니면 좋아하는 것이 더 중요할까. 물론 잘하는 것과 좋아하는 것 둘 다 중요하지만 '행복으로 희망 만들기'라는 말처럼 무기력한 아이들에게는 '잘하는 것'보다 '좋아하는 것'을 할 수 있다는 점을 강조하는 것이 더 바람직하다. "선생님처럼 말해주는 분을 좀 더 일찍 만났으면 좋았을 텐데요. 저의 재능을 이제야 발견했는데 언제 해서 성공하나요? 너무 늦은 것 같아요"라고 말할 때가 중요한 순간이다. 우리가 지향하는 것은 세상 사람들이 흔히 말하는 성공이 아니라 좋아하는 것을 열심히 하다 보니 잘하게 되어서 거기에 만족하면서 행복하게 사는 것이 목표여야 하기 때문이다. 아이들에게도 이 점을 분명히 인식시켜준다면 여러 가지 시도를 지속적으로 해볼 수 있다. 높은 목표나 야망보다 중요한 것은 자기가 좋아하는 것을 하는 것이고, 그러다 보면 지금보다 조금씩 더 잘하게 되고, 그 과정에 만족을 느껴서 행복하게 살아갈 수 있으니까 말이다.

아이들이 부모가 보여주고 만들어온 문화에서 갑자기 벗어나는 일은 쉽지 않다. 하지만 자기가 좋아하는 것을 잘하려고 노력하면서 서서히 시간을 쌓아가다 보면 언젠가는 잘될 것이라고 믿게 해주어야 한다. 남과 비교하지 않고 큰 욕심을 부리지 않는다면 행복해질 거라는 희망으로 자신만의 삶을 살아가도록 하는 것이 중요하다.

나는 대기만성이라는 말을 참 좋아하는데 요즘에는 이 말을 거의 쓰지 않는 것 같다. 이유가 뭘까? 우리가 자랄 때만 해도 조금 더딘 아이들에게 "너는 대기만성형이야. 그러니까 너무 걱정하지 마, 언젠가는 잘 될 거야"라고 격려해주곤 했는데 말이다. 아마 뭐든지 빨리빨리 하는 것이 중요해졌기 때문이 아닐까 싶다.

끈기 있게, 미지근해도 꾸준한 사랑을

매일 학교에 와서 하루 종일 엎드려 있거나 자는 아이들, 잘하는 아이들을 보고도 '그래, 니들은 잘났으니까 계속 잘해라, 나는 그냥 이렇게 살란다' 하고 무관심으로 일관하는 무기력 아이들을 변화시키기 위해서 프로젝트를 시작했다. 그리고 "○○야, 너한테는 이런 재능이 있는 것 같아"라며 특별히 환영도 해주고 관심을 가져주면서 조심스럽게 다가갔다. 그러면 아이는 처음엔 '저 선생이 미쳤나, 왜 저래?' 하는 눈길로 쳐다보고, 그래도 개의치 않고 "선생님이랑 지내는 1년 동안 너의 이런 면을 꾸준히 봐주고 싶어", "너는 늦었다고 생각할지 모르지만 대기만성이라는 말 알지? 지금도 늦지 않았어. 늦었다고 생각할 때가 가장 빠를 때라는 말도 있잖아" 하면서 뛰어나게 잘하는 것이 중요한 게 아니라 정말로 좋아하는 것을 꾸준히 해서 행복해지는 것이 중요하다고

도 말해주었다.

　그런데 교사의 기대에 맞춰 아이들이 착착 변화하는 모습을 보여줄까? 이 지점에서 교사가 생각하는 것보다 훨씬 쉽게 좌절하고 포기하는 것이 무기력한 아이들의 최대 약점이라는 사실을 잊으면 낭패를 보기 십상이다. 아이들은 우리가 생각하는 것보다 훨씬 끈기가 없다. 누가 "야, 너 폼 잡지 마. 선생님이 지금 너 잘한다고 조금 칭찬해주니까 우쭐해진 모양인데 그거 다 동정이야"라고 한마디만 해도 금방 마음을 돌리고 포기하려 들 것이다. 또 이 유형의 아이들은 부모가 이끌어준 경험이 거의 없어서 교사의 역할이 그만큼 더 커야 하고, 때로는 교사가 부모 역할까지 대신해주어야 한다.

　교사에게 부모 역할을 하라는 것은 부모처럼 책임을 지라는 소리는 아니다. 지금 세상에도 부모들 가운데는 아이의 긍정적인 면을 발견해주기는커녕 그냥 방치해놓고 사는 사람들이 의외로 많다. 그러니 아이를 바라보는 시각이 더 넓고 깨어 있는 교사가 사명감을 가지고 긍정적인 역할을 해주었으면 좋겠다는 뜻이다. 큰 틀에서 아이를 이끌어준다는 신념으로 부모와 같은 존재가 되어 달라고 부탁하는 것이다.

　아이들은 생각보다 훨씬 끈기가 없으니 교사가 끈기를 가져야 한다고 다시 한 번 당부하고 싶다. 다행인 것은 끈기를 몇 년씩이나 가지고 있지는 않아도 된다는 것. 담임을 맡은 딱 1년 동안만 아이를 칭찬하는 태도로 일관해서 대해주면 된다. 그 1년의 따뜻함과 격려를 받아본 경험이 아이가 스스로를 포기하지 않도록 하는 바탕이 되어줄 것이다.

과잉열망형 무기력

과잉에서 텅 빔으로, 차라리 무능함을 선택하는 아이들

만성적 박탈감과 무능감에 빠져 비관적이 된 아이들과 달리 과잉열망으로 인해 스스로 무능함을 선택한 아이들은 부모의 기대에 부응하지 못할 것이라는 두려움 때문에 무능을 자청하면서 무기력해진 아이들이다. 이들의 특징은 무언가를 해서 타인의 기대를 충족시키지 못했을 때 공포를 느끼다가 나중에는 무언가를 한다는 것 자체를 두려워하게 될 것이다. 그래서 뭐든지 딱 시킨 만큼만 겨우, 그것도 하는 척만 하게 된다. 이렇게 실행 공포 또는 결과 공포 때문에 무기력해진 아이들은 어떤 방법으로 도움을 주어야 할까?

우리나라는 OECD 실태 조사 학업흥미도에서 32위를 차지했는데 아마 이런 유형의 아이들이 설문지에 '학업에 흥미 없음'이라고 응답했을 것이다. 그리고 이런 아이들이 하는 전형적인 발언이 '한때는 내가 잘했는데 부담스러워서 지금은 열심히 하기가 힘들다'는 것이다. 실제로 이런 아이들은 대부분 부모가 정해준 가짜 목표를 가지고 살면서 뭔가를 실행하거나 그 결과에 대해 심한 공포를 느끼고 있다. 입시생들을 상담하다 보면 명문대만 거론하면서 '그 대학이 아니면 대학이라고 할 수 없다', '내가 마음먹고 공부하면 거기 정도는 갈 수 있지만 지금은 안 하는 것뿐'이라고 하는 아이들이 있는데 한마디로 자기는 못하는 게 아니라 안 하는 것임을 강조한다. 이런 아이들이 늘어나면서 날이 갈수록 열망의 수위만 높아지고 있다.

이런 유형의 아이들과는 싸우고 부딪혀서라도 현실적이고 수용 가능한 목표로 바로잡아줄 필요가 있다. 지금 열심히 하는 것이 왜 중요하고 필요한지를 설명해주고 보여주기에서 벗어나 진정한 자기의 모습을 찾도록 목표를 평가에서 학습 자체로 전환시켜주어야 한다. 그동안 여러 기회를 통해 언급한 것처럼 이 아이들에게는 체면, 형식, 허위의식에서 벗어나 정말로 좋아하는 일을 찾거나 자기가 할 수 있는 수준의 것을 하겠다는 태도를 갖게 하는 일이 불가능에 가까울 만큼 어렵다. 아이가 아무리 그렇게 하려고 해도 주변(부모님 등)에서 너무 흔들어놓기 때문이다. 그래서 먼저 부모님과 진지하게 상담을 하는 것이 좋다.

아이들은 대체로 고등학교 2학년쯤 되면 그래도 조금씩 자기가 하고 싶은 것이 생기는 편인데 언제가 상담한 한 아이도 그랬다. 다만 부모님과 함께 찾아온 상담실에서 '하고 싶은 게 있지만 이 자리에서는 말을 안 하겠다'고 버텼다. 그날 아이는 자기가 1년 동안 가장 말을 많이 한 거라고 했는데 말을 할 때마다 부모님을 신경 쓰는 눈치가 역력했다. 학교에도 거의 안 나간다고 했는데 '다른 아이들이 나를 무시하는 눈빛으로 본다'는 시선 공포가 있었다(우리나라 사람들은 남의 시선에 상당히 민감한 편이라서 사회 공포 중에서도 특히 시선 공포를 많이 느낀다. 청소년기에 더 그런데 이런 아이들에게는 대체로 초등학교 때 왕따를 당했거나 어떤 집단에서 내쳐진 경험이 있을 것이다).

어떤 아이에게는 하루에 30분 이야기한 것이 한 해 동안 가장 많이 이야기한 것일 수도 있으니 그날 당장 부모님이 시켜서가 아니라 네 생각에 정말 하고 싶은 이야기를 하라고 종용하는 것은 위험한 일이다. 다음에 이야기하겠다고 하는 아이에게는 더 다그치지 말고 다음에 꼭 만날 약속을 해서 '네가 뭘 하고 싶어 하는지 들어봤으면 좋겠다'는 마음을 전하고 끝내는 게 맞다. 그런데 '오늘 말 안 하면 여기서 못 나가'라는 말이 목까지 차오른 아버지나 어머니에게 "아마 이야기를 못할 때는 이유가 있지 않겠어요?"라고 하면 십중팔구 "이유는 무슨 이유가 있어요?"라고 비아냥거린다.

아이들은 왜 말하지 않는 것일까? 이유는 명확하다. 가령 아이가 경찰이 되고 싶다고 하면 부모는 숨도 안 쉬고 "그럼, 경찰대에 가야겠네"라고 대답하기 때문이다. 그런데 부모가 보기에 지금 공부하는 '꼬락서니'로는 못 갈 것 같으니까 "그래, 너 말 한번 잘했다. 너 하고 싶은 대로 해봐. 그런데 지금 이런 식으로 해서 될 것 같니? 네 말처럼 쉬우면 지나가던 개도 경찰 됐겠다" 하고 자기 아이를 막 깎아내린다. 부모가 아이를 이렇게 몰아치는 것은 더는 특별할 것도 없이 보편적인 장면이다. 물론 교사라고 다르지 않을 것이다. 몇 번쯤은 가르치는 아이들한테 그랬을 테고 어쩌면 자기 자식한테도 그랬을지 모른다.

이런 아이들에게는 충분히 시간을 줘서 자기가 하고 싶은 걸 말할 수 있도록 기다려줘야 한다. 그리고 무슨 말을 하더라도 수용해야 한다. 아이가 뭘 하고 싶다고 해도 어른의 불안감에서 "그건 안 돼"라거나 "네가 그렇게 말할 줄 몰랐어. 그런데 그것만 빼고 다른 건 다 되니까 다른 걸 생각해봐"라고 하면 안 된다. 불안한 마음에, 또는 아이를 못 믿어서 그러는 것이겠지만 결국 아이를 무기력에 빠지게 만드느 지름길이다.

앞의 아이는 상담하러 온 지 서너 번 만에 드디어 자기가 하고 싶은 걸 말하겠다고 했는데 그것이 '예술' 분야였다. 부모님은 예술이 뭐냐고 물었고, 아이가 말하려는 순간 미친 놈 어쩌고 하는 소리가 날아들었다. 부모 세대에 예술은 '실망스런 짓'에 해당할 테니 앞뒤 가릴 것 없이 튀어나온 말이겠지만 아이는 "에이 씨, 그것 봐요. 말 안 하는 게 낫다고 했잖아요. 그냥 몰래 하려고 했는데 선생님 때문에…" 나 때문에 오히려 일이 복잡해졌다며 씩씩거렸다. 그러더니 그다음에 찾아와서는 "선생님이 그렇게 안 했으면 스무 살 때쯤 집 나가서 혼자 하려고 그랬어요. 그때는 집에서 알든 말든 자립한 상태니까 어쩌겠어요. 혹시 선생님이 엄마 아빠를 설득시켜주지 않을까 기대했는데 완전 망했어요"라고 하소연했다. 나는 부모님을 만나서 이렇게 말했다. "그나마 아이가 뭔가를 하겠다고 한 건데 그것만 빼고 다른 건 다 된다고 하면 안 됩니다. 아이가 그 일을 정말로 하게 될 수도 있지만 아직 시간이 있으니까 중간에 바뀔 수도 있고요. 아무것도 하지 않으면서 지내는 것보다 훨씬 나을 수 있잖아요. 요즘 대한민국 고등학생들 중에 소위 대충 살겠다는 아이들은 학교도 다니는 둥 마는 둥, 학원도 다니는 둥 마는 둥, 동네 친구들하고 놀다가 청소년기를 그냥 끝내기도 합니다. 요즘 아이들의 상당수는 부모님이 생각지도 못한 새로운 직업을 많이 알고 있어요.

그런데 어차피 이해하지도 들어주지도 않을 거라고 생각해서 말을 꺼내지 않지요. 부모님 입장에서는 내키지 않는 일이겠지만 중간에 바뀔 수도 있으니까 도와주시지는 못하더라도 그 일에 관심을 갖게 된 계기를 궁금하게 여기는 정도는 해주셔야 합니다. 그래야 아이가 어떤 과정을 만들어가면서 또 다른 기회를 찾을 수 있어요"라고 말해주었다.

무기력하고 포기하고 지냈던 아이가 뭔가를 하고 싶다는 마음이 생겼다는 것은 어쨌든 사막에서 생명체 하나가 움튼 것과 맞먹는 일이다. 그것이 앞으로 어떤 나무가 될지는 아무도 알 수 없는데 무조건 안 된다고 하면 아이는 '나는 뭘 해도 안 돼, 내가 원하는 건 다 안 돼' 하면서 다시 무기력의 세계로 빠져들게 될 것이다.

학교에서도 그렇다. 자신이 민주적이고 참여를 중요하게 여기는 교사라고 자부하면서 "야, 우리 정말 활기차게 잘 지내보자. 한 사람도 무기력에 빠지지 말고"라고 말해놓고 누가 "선생님, 우리 이거 해요" 했을 때 "다른 건 다 되는데 그건 안 돼"라고 대답하면 아이들은 선생님의 의도 자체를 거짓이라고 여기게 된다. 아이들을 믿고 뭐든지 일단 가능하다고 말해야 한다. 다만 언제 할 것인지와 어떻게 할 것인지를 상의하면서 조율하면 된다. 가령 아이들이 학교에서 야영을 하자고 제안했다면 속으로는 학교에서 야영하다가 불이라도 나거나 다치는 아이라도 나오면 어떻게 하지 싶어서 순순히 받아들이기 힘들 수 있지만 그래도 일단 환영해주어야 한다. "학교에서 야영을 하다니 조금 생소하기는 하지만 그런 발상을 한 것을 환영해. 지금부터 어떻게 하는 게 좋을지, 언제 하면 좋을지 상의해보자"라고 해야 한다. 그래야 아이가 '어, 말했다가 무시당할 줄 알았는데 아니네' 하면서 자신감을 갖게 된다.

아주 낯설고 새로운 직업을 갖고 싶다고 해도 마찬가지다. 어른 입장에서는 다소 생경하고 바람직하지 않은 일로 보이겠지만 무언가가 되기 위해서 거쳐야 할 과정, 필요한 공부 등을 생각해서 아이를 이끌어주거나 비슷한 영역에서 부모가 생각하기에 바람직한 방향으로 도우면서 서서히 조정할 수 있을 것이다. 그러면 아이도 의욕을 갖고 해나가면서 부모와 아이, 교사와 아이 사이에 서로 주거니 받거니 하는 관계와 문화가 만들어진다. 내가 협력하면 상대도 일정 부분 협력하는 관계가 이루어지면서 전환점을 찾는 계기를 만들 수 있을 것이다.

'나는 이미 실패자'라고 고백하는 아이 돕기

초등학교 때까지는 그럭저럭 활달하고 괜찮은 편이었다가 중학교 때부터 무기력해진 아이들이 있다. 역시 과잉열망 때문이다. 이런 아이들에게는 '너의 길을 가자', '잘하는 것보다 좋아하는 것을 하는 게 중요하다'는 메시지를 꾸준히 전하며 기대를 조절하는 것이 중요하다. 주변의 기대와 비교를 이겨내고 관심을 자기 자신에게로 집중했을 때 일어나는 일의 결과를 지켜보도록 하는 것이다. 고등학생을 대상으로 하는 상담 가운데 하나는 아이들이 와서 하는 '자신이 실패자'라는 고백을 들어주는 일이다. 10대에 자신을 인생의 실패자로 낙인찍은 아이들이라니, 현재가 인생의 파국이 아니라고 말해주는 일을 어떤 날은 몇 번이고 반복해야 한다. 유명 대학에 가지 못할 것이라는 한탄과 함께 지금은 공부는 전혀 안 하고 게임이나 인터넷만 하면서 지내고 있는 아이들, 그러면서 부모를 미워하며 심한 우울감에 빠져 까칠하게 반응하는 아이들이다. 이런 아이들과 이런저런 이야기를 나누며 '어디를 가든 자기가 하고 싶은 것을 할 수 있으면 된다'고 생각을 바꾸도록 돕는 과정을 진행해나가고 있다. 아이들이 위선적이고 허위적인 태도에서 벗어나 진실하고 진지한 태도를 가지게 하려면 그동안 부모와 사회로부터 주입받은 이념과 싸우는 심리적인 전쟁을 치러야 한다.

아이들에게 교사나 상담자들이 해줄 수 있는 일은 우산이 되어주는 것이다. 부모님이 퍼붓는 잔소리, 기대와 이상, 자기애에 가까운 욕망을 뒤집어쓴 채 숨을 못 쉬고 있는 아이들에게 숨 쉴 수 있도록, 도망갈 수 있도록, 쏟아지는 비를 피할 수 있도록 우산을 만들어주어야 한다. 어른도 마찬가지지만 아이들에게는 그 답답함과 압박을 이야기할 누군가가 필요하다. "못하겠어요. 하기 싫어요. 지금 제가 뭘 하겠다고 나서면 저보다 부모님이 더 난리니까요." 이렇게 말하는 아이들의 심정을 비난하지 말고 그대로 들어줄 사람이 필요하다.

오래된 무기력

무기력한 지 오래된 아이들

　우리나라 학생들의 행복지수는 몇 년째 OECD 가입국 가운데 꼴찌를 차지하고 있다. 과연 우리 아이들은 '행복의 조건'을 무엇이라고 생각하기에 이런 결과가 나오는 것일까? 한 연구 결과에 따르면 초등학생 43.6%와 중학생 23.5%가 '화목한 가정'을 행복의 조건으로 꼽았다. 반면 고등학생은 '돈(19.25%)'을 첫 번째로 선택해서 '화목한 가정(17.5%)'은 3위에 머물렀다. 중학생 때까지만 해도 '화목한 가정'을 중요하게 여기던 아이들이 고등학교에 가면서 돈을 제일로 여긴다는 것을 단적으로 보여주는 결과다. 아마 '행복해지려면 돈이 있어야 하고, 돈을 벌려면 학벌이 좋아야 하고, 학벌이 좋으려면 공부를 잘해야 하고, 공부를 잘하려면 다시 돈이 많아야 된다'는 논리가 아닐까 싶다. 이렇게 '돈이 없으면 행복해질 수 없다'는 식으로 돈에 대해 왜곡된 가치를 가지게 된 아이들은 무기력해지기 쉽다. 지금처럼 계층 이동이 어려워진 사회에서는 더 그렇다.

　박탈감에서 파생한 오래된 무기력, 만성적으로 우울한 아이를 돕는 것도 참 어려운 일이다. 아이를 단순히 밝아지도록 하는 데만도 오랜 시간이 걸릴 수 있어서 그저 학교에 꼬박꼬박 와서 지내다 가게만 하겠다는 것도, 학급 활동에 조금만이라도 관심을 갖게 하겠다는 것도 아주 높은 목표에 속한다. 1년 내내 거의 아무것도 안 하며 지내던 아이들이니까 자기가 먼저 하겠다고 나서지 않는 한 수행이 나아지기를, 즉 뭔가를 잘해볼 것을 요구하는 것은 엄청난 부담을 주는 일이다.

새 학년이 시작되면 2주에서 4주 정도 아이들의 모습을 지켜보거나 지난 학년 담임에게 물어보아서 아이가 어떻다는 정보를 얻을 수 있을 것이다. 오랜 무기력으로 비관적인 상태에 있는 아이들에게는 조심스럽게 다가가서 아주 작은 역할을 주는 정도로 시작하는 것이 좋다. 다만 "혹시 네가 하고 싶은 게 있으면 언제든지 이야기해줘"라는 말은 꼭 덧붙여둔다.

만약에 아이가 뭔가를 시작하려고 하면 잘하려고 애쓰지 않도록, 천천히 하도록 돕는 것이 중요하다. 무기력한 아이가 뭔가를 시작하면 십중팔구 '내가 이렇게 잘 못하는 아이인 줄 몰랐다'는 사실에 놀라게 될 것이기 때문이다. 열에 둘 정도는 '어, 내가 생각보다 잘하네' 하겠지만 여덟 정도는 '어, 해보니 진짜로 안 되네' 하고 실망할 가능성이 높다. 머리로는 잘할 수 있을 것 같아도 그동안 해본 적이 없으니까 실제로 잘 안 되기 마련이다. 섬세한 부모나 교사라면 그 순간 아이가 '잘해보려고 하다가 움찔했다'는 것을 알아차리고 위로나 격려를 해줄 수 있고, 이때 하는 위로와 격려는 매우 효과적이다. 이런 유형의 아이들은 위로와 격려가 없어서 무기력한 상태로 지내왔기 때문이다.

부모나 교사는 적극적인 기다림 속에서 아이의 시도를 민감하게 발견해야 하고, 잘 되지 않을 때를 예측해야 하며, 실패하더라도 피드백을 하지 말아야 한다. 가령 아내가 남편을 위해 그동안 한 번도 해본 적이 없는 요리를 시도했다고 치자. 남편이 먹고 나서 "아유, 그냥 하던 대로나 하지. 이거 맛이 왜 이래?"라는 반응을 보인다면 아내는 두 번 다시 새로운 요리를 만들고 싶지 않을 것이다. 마찬가지로 예상보다 잘한 아이에게는 칭찬을 해주는 게 당연하지만 잘하지 못한 아이에게는 못했다는 피드백을 하지 말고 1년이라는 시간을 놓고 도울 수 있는 만큼만 돕겠다고 생각하는 것이 실패하지 않는 비결이다.

몇 년 동안을 무기력하게 살아온 아이가 있는데 고등학교 1학년이 되어서야 담임선생님을 정말 잘 만나 관심과 애정과 적극적인 도움을 받았다고 하자. 그렇다고 아이의 인생이 확 뒤집어지는 변화가 일어날 수 있을까? 교사가 아이를 존중하는 태도로 조심스럽게 다가가서 거리감을 좁히면 그래도 옛날보다는 조금 밝아지고, 조금 더 참여하게 되고, 말수도 늘고, 제때 학교에 오는 모습을 보여줄 수는 있을 것이다. 이 정도만 되어도 만족해야 한다. 그러다 어느 날 교사를 찾아와서 상의할 게 있다고 한다면 그야말로 상당한 변화로 받아들일 만하다. 아이들을 변화시키는 일에서는 속도를 조금 더 낼 수는 있어도 한꺼번에 단계를 뛰어넘을 수는 없다. 조급해하지 않는 것이 실패할 가능성을 낮추는 비결이다.

사막이 갑자기 비옥한 땅이 될 수는 없다

무기력한 채로 오래 지낸 아이들에게서 변화가 일어나려면 무기력하게 지낸 시간만큼이나 긴 기다림이 필요하다. 아이에게 관심을 갖고 변화를 모니터링하면서 기다려주면 어른의 정신 에너지가 자신에게 미치고 있다는 것을 아이도 점차 알아간다. 그러면서 어른들이 함부로 다가오지 않는 모습을 보일 때 아이는 '어른들이 나를 존중해준다'는 느낌을 받게 되는데 이것이 곧 무관심과는 다른 적극적인 기다림의 결과다.

무기력한 아이가 마지못해 상담을 하러 오면 나는 이런 아이한테는 굳이 뭘 해보자고 하지 않는다. 그냥 '와주는 것만으로 고맙다'고 한다. 이때 주변에서는 '아이를 확 변화시키기'를 기대하지만 실제로 그런 마술 같은 일은 잘 일어나지 않는다. 마음이 사막이 된 지 오래인데 갑자기 비옥한 땅이 될 수는 없고 더구나 이 유형의 아이들은 '무엇을 하자'는 사람에게는 전문가이고, '그냥 너하고 싶은 대로 하면서 지내봐'라고 하는 사람에게만 비전문가다. 인내심을 가지고 기다려주는 것이 최고이며, 이런 의미에서도 적극적인 기다림만이 효과적인 접근 방식이다. 그런데 적극적인 기다림과 방치를 구분하는 일도 쉽지 않거니와 기다린다는 게 그리 만만한 일은 아니다. 자학적인 분위기에서 무기력하게 지내온 아이들, 자기 의사와 상관없이 최소한의 의무를 수행하며 그냥 살아 있다는 느낌만 주는 아이들과 무언가를 하려면 아이들의 속도에 맞추어야 한다. 때로는 잡담만 나누어도 충분하고, 잡담의 양이 늘어나는 것만으로 나아지고 있다는 신호라고 생각해야 한다.

오랫동안 무기력하게 지내온 아이들이 무언가를 한다는 것은 아주 어려운 일이다. 몸은 그나마 억지로라도 집과 학교를 왔다 갔다 했지만 마음은 좀처럼 활발하게 써본 적이 없어서 갑자기 적극적으로 사용하려면 자기 뜻대로 되지 않는다. 어떻게 걸어야 하는지 잘 몰라서 걸음 걸이가 자연스럽지 않을 수 있고 무엇보다 몸과 마음의 호흡이 달라서 어긋날 수도 있다.

그런데 오랜 무기력을 떨쳐버리고 노력하기 시작한 아이들, 이제 '살 아보기로 한' 아이들의 모습은 정말로 감동적이다. 어떤 사람들에게는 별것 아닌 일상이 이 아이들에게는 특별한 것일 수 있기 때문이다. 정 말 환호받을 만한 이 결정이 결실을 맺으려면 아이의 의욕에 주변의 도움이 조화를 이루어서 징검다리 역할을 해주어야 한다. 그것은 곧 지금까지 말한 환대, 참여, 존중, 격려의 제공이기도 하다.

무기력한 아이들을 돕는
지원 전략

① 회복탄력성 발휘하도록 돕기

② 관계를 통해 도약하기

③ 성취감이라는 기름 붓기

빵의 의미는 영혼의 의미를 둘 때 완전해진다.
– 해리 아폰테

① 회복탄력성 발휘하도록 돕기

숨겨진 힘과 재능 찾기

레질리언스resilience. 우리말로 '회복탄력성'이라고 옮기는 이 단어의 의미는 '눌렸다가 다시 튀어오르는 힘'을 말한다. 공학 분야에서 시작해 지금은 심리학, 사회학 그리고 정신의학에서도 쓰고 있다. 사람은 고난과 위기에 굴복하기도 하지만 이를 극복하려고 애쓰기도 한다. 여기에 대한 관점을 세우는 일이 곧 회복탄력성이다. 지금 무기력한 아이들이 구겨지고, 눌려 있고, 접혀 있다고 본다면 다시 튀어올라 날개를 펴도록 하기 위해 우리가 가져야 할 관점을 제시하는 용어이기도 하다.

무기력한 아이들이 처음부터 무기력했던 것은 아니기에 저마다 개성과 강점을 지니고 있을 터이다. 그런데 지금 이 사회의 무기력 시스템으로 인해 눌려 있으니 여기서 벗어나게 하려면 '회복탄력성'을 적극 활용해야 한다. 아이들에게는 숨겨진 재능과 힘이 있기에 눌리고 접히고 파묻힌 것들을 걷어내면 분명 자신의 재능과 힘을 발견할 것이다. 부모나 교사들은 아이를 뒤덮고 있는 '부정의 이불'을 걷어내는 일과 함께 그 안에 숨어 있는 재능과 힘을 발견해서 '네 안에 보물이 있다'고 소리쳐주어야 한다.

한 명의 따뜻한 어른

무기력한 아이들이 경험한 학교와 가정생활의 특징은 자신은 물론이고 누구도 자신에게서 재능을 발견한 적이 없이 살아왔다는 것이다. 마치 아무것도 발견하지 못하고 지나친 신대륙처럼 말이다. 회복탄력성은 이런 걸 발견하는 과정이다. 학교생활에 흥미를 전혀 못 느낀다는 한 아이는 이렇게 말했다. "11년 동안 학교에서 저에 대해 좋은 말을 해준 기억이 거의 없어요. 저한테 뭘 잘할 수 있을 거라는 말을 해준 선생님도 없었어요." 진료실에서 청소년들을 만날 때마다 깜짝 놀란 것도 그 누군가로부터 한 번도 자신의 재능에 대해 한마디도 듣지 못했다는 사연이 많아서였다. 반대로 단점을 발견해주는 사람은 많았다면서, 나의 사소한 발견 하나에 기분이 좋아져서 돌아가는 아이들이 참 많았다.

나를 발견해주는 사람도 없고 발견할 기회도 없어서 자기 안에 빛이 없다는 것을 알게 되면 아이는 점차 어두워지고 그것이 장기화한 결과가 곧 무기력이다. 일상의 전투에서 사기를 잃은 아이들에게 가장 필요한 지원은 긍정적인 발견을 해주는 것이다. 흔히 사회복지에서는 '강점 중심접근'이라고 부르기도 하는 작업인데 기업에서도 신입사원을 대상으로 '강점 발견(스트렝스 파인더strength finder)' 같은 프로그램을 통해 사원들의 자부심을 고양시키고 재능에 따른 부서 배치를 하는 것과 일맥상통한다.

우리 교실과 가정에서도 이런 일들을 벌여야 한다. 무기력한 아이들이 반복하는 "할 줄 아는 것이 없어요", "할 수 있는 것이 없어요", "하고 싶은 것이 없어요", "해도 잘되는 것이 없어요"라는 우울한 노래를 멈추게 하려면 누군가가 재능을 발견해주어야 한다. 재능의 스펙트럼은 넓고 다양하다. 호감을 주는 인상을 만드는 일부터 그래도 빠지지 않고 등교하는 성실함, 친구 관계에 대한 중요성을 알게 하는 것, 글씨를 잘 쓰거나, 잘 외우거나, 혹은 특정 분야에 관심이나 지식을 갖는 것 등 어느 것이든 아이들이 자신의 프로파일에 새로운 기록을 할 수 있도록 발견하는 과정이 필요하다. 회복탄력성을 발휘할 수 있는 기회를 찾다가 자기 발견 또는 타인을 통한 발견을 한다면 내부에 숨어 있던 재능에 서서히 불을 지필 수 있다. 이런 점에서도 무기력한 아이와 지내는 부모나 교사들은 재능에 대한 탐정이 되어야 한다. 어딜 봐도 자신에게는 긍정적인 재능이 없어 보이던 아이에게 최고는 아니라 해도 소중한 재능이 있음을 함께 찾으면 회복탄력성은 조금씩 커지기 시작한다.

많은 아이들이 무기력해진 이유는 자신에게 들이닥친 크고 작은 역경을 이겨내지 못해서거나 이겨낼 수 없었기 때문이다. 회복탄력성에 대한 또 다른 연구는 아이를 도와서 위기를 이겨낸 과정에 대한 내용인데 특히 위기를 이겨낸 아이들에 대한 연구는 지난 몇 십 년간 지속되어 왔다. 가장 감동적인 것은 에미 베르너Emmy E. Werner와 루스 스미스Ruth S. Smith의 연구인데 그들이 제시한 '위기를 이겨낸 사람들의 7가지 보호 인자' 가운데는 주변 사람들이 차지하는 비중이 높았다. 즉, 책임 있는 보호자가 한 명 있고, 지지적인 관계망이 주변에 뻗어 있으며, 관심을 보인 어른이 가족 말고도 있었다. 또 행복한 결혼생활과 만족스런 직업, 신앙생활 등이 회복탄력에 기여한 요인들이었다. 사람들로 이루어진 관계망, 특히 긍정적인 힘을 불어넣어주는 관계가 중요하다는 사실을 시사한다.

나도 진료실에서 아이들에게 물어본다. "너를 따뜻하게 해주는 어른, 의지하고 싶은 어른이 한 명이라도 있니?" 애석하게도 대부분의 아이가 없다고 대답한다. 엄마는 감정 기복이 너무 심하거나 자기보다 더 힘들어해서 의지하기 어렵고, 아버지는 잘해주기는 하지만 친밀한 사이가 아니고, 학교 선생님들은 너무 멀게 느껴진다고 한다. 이 말은 곧 현재 무기력한 아이들은 주변에 따뜻한 한 명의 어른이 없다는 말이다. 부모를 포함해서 아이들 주변에 있는 사람은 온통 차가운 어른들뿐이고 학교나 종교·지역 단체에서 찾기도 힘든 실정이다. 아이들의 생활은 극히 단조로워서 집, 학교, 학원의 삼각 포스트를 왔다 갔다 하다 보니 결국 만나는 사람은 한정되어 있다. 이런 아이들에게는 위기를 이겨낼 자원이 없어서 스트레스에 노출되면 쉽게 무기력 상태로 진입할 수밖에 없어진다. 아이들 말대로 인터넷과 친구가 유일한 에너지 보급원인데 근근이 버틸 수는 있지만 힘차게 차고 일어날 정도의 힘은 되지 못한다.

공감과 역경 극복

무기력한 아이들과 잘 지내거나 돕겠다고 결심한 어른들이 같이 무력해지는 이유는 아이들이 발휘할 수 있는 힘의 크기를 고려하지 않고 접근하기 때문이다. 아이들이 다시 일어나서 무언가를 스스로 하게 될 때까지는 단계가 필요한데 이를 충분히 예측하지 못한 데서 겪는 괴로움이라고 할 수 있다. 다리가 부러져 누워 있던 사람이 재활을 하려면 일정한 단계를 거쳐야 하듯이 아이들이 회복탄력성을 발휘하는 데도 당연히 과정이 필요하다. 이때 서로의 에너지 수준을 맞추는 것이 중요한데 어른들이 자신의 수준에 맞춰서 회복력을 발휘하도록 이끌면 아이는 이전에 자신이 무기력을 경험한 것과 똑같이 느끼게 된다. 즉 '이번엔 이걸 해야 하고 다음엔 저걸 해야 하고' 하는 식으로 온갖 압박을 다시 겪으면 이미 학습된 두려움을 떠올리고 도움을 공격으로 받아들여서 자신이 발휘할 회복력을 쓰지 못하게 된다. 아이들이 회복탄력성을 발휘하도록 하려면 아이들의 에너지 수준에 맞춰서 걸어야 한다. 낮은 에너지 수준으로 시작해서 조금씩 나아가도록, 그래서 이전보다 더 강한 근력을 붙이도록 해야 하고, 그러려면 더 아이들 중심으로 공감이 이루어져야 한다.

아이들이 위기를 넘기고 회복탄력성을 발휘하도록 하려면 그들의 힘으로 극복하도록 도와야 한다. 역경 극복의 계기는 위에서 말한 대로 자신에 대한 새로운 발견, 따뜻한 어른 그리고 자신과 보조를 맞춰주는 공감 속에서 일어나고, 가장 중요한 것은 현재 자신이 어렵고 힘들어하는 과정을 이겨냈다는 경험을 갖게 해주는 것이다. 내 것으로 여기지 않고 회피하면서 버리고 죽였던 나에게서 벗어나려고 결단을 내리도록 해야 한다. 그동안 자신의 꿈을 잃고, 열정과 동기를 발휘할 기회도 잃고 그저 버티고 있었다는 것이 역경의 본질이다. 풍요와 번영의 시대에 그렇게 된 것은 자기 탓이므로 역경이 아니라고 생각해서는 안된다. 아이들에게 절대 빈곤, 전쟁, 가시적 폭력, 독재의 경험이 없었다고 해서 역경이 아닌 것은 아니다. 눈에 보이지 않는 압박과 경쟁이 다른 방식으로 아이들을 옥죄는 지독한 역경이고, 절대적 결핍이 주는 고통은 그래도 견딜 만하지만 격차와 차별이 주는 고통은 견디기 힘든 것이다.

아이와 지금 닥친 이 역경을 어떻게 이겨나갈 것인지에 대해서 이야기를 나누고 극복하는 과정에서 주변의 도움을 받자고 하자. 무엇보다 우리에게 필요한 것은 작은 일에서라도 자신을 이겨보는 경험이요, 이것이 역경 극복의 핵심이자 바로 영웅들의 경험이기도 하다고 이야기해주자. 그러므로 아이들은 모두 작은 영웅이다. 그리고 그동안 무기력해서 통제의 권한을 세상과 어른들에게 내주었다면 이제 사소한 것부터 조금씩 찾아오도록 해야 한다. 자신을 미워하던 마음에서 존중하는 마음으로 그 중심을 옮겨놓자고 하면 작은 영웅들은 무슨 말인지 잘 알아들을 것이다.

② 관계를 통해 도약하기

익명에서 실명으로

흔히 학교에서 무기력한 아이들을 부르는 호칭은 "야", "거기" 등이
다. 주목받지 못했던 아이들은 애정이 담긴 부름을 들어본 적이 없다.
물론 부름의 대상이 되는 것도 불편하게 여겨왔다. 맨날 숨어서 드러나
지 않기를 바라며 지냈으니 더더욱 익명의 존재가 되었다. 그리고 그런
기간이 길어지면서 익명으로 숨어버리는 것이 더 편하다는 것도 알게
되었다. 하지만 익명은 존재감이 없다. 무기력한 생활을 유지하기 위한
임시방편일 뿐이다.

익명에서 실명으로 가는 길은 알아봐주는 것이다 이름을 알아주고,
왔는지 확인해주고, 불편한 것이 무엇인지 물어봐주는 것이다. 처음에
는 아이들이 거북하게 여기겠지만 실명 대접이 혼내는 일과 연결되지
만 않는다면 굳이 싫어할 이유는 없다. 처음엔 실명의 존재로서 접근하
는 것이 그저 낯설고 신기하겠지만 역할을 부여받고 참여하다 보면 무
기력 상태에서 벗어나 진보할 수 있는 기회를 얻을 수 있다.

집에서도 아이들이 익명의 존재로 있는 일은 흔하다. 아이의 지금 마
음을 잘 모르면 함께 사는 부모라 해도 낯선 사이, 익명의 관계나 다름
없다. 대화가 없는 상태로 오래 지내다 보면 어떻게 물꼬를 터야 할지
모르는 채로 시간이 흘러가면서 마치 사무적인 일을 처리하는 관계처
럼 된다. 아이들과 나누는 대화의 주제를 가볍게 바꿔서 편한 이야기

부터 나누고 중요한 화제는 뒤로 미루는 것도 요령이다. 가족이라서 예의를 차리는 것이 어려울 수도 있지만 가족이라고 직설과 직면으로 접근하면 아이들은 정말 낯선 사람처럼 대답도 제대로 하지 못하고 외면하게 된다. 익명의 관계에서 실명의 관계로 전환하려면 부모 자식 간이라도 친해지는 시간이 필요하다.

서로를 알아가는 캠프 또는 도보 여행

분위기를 열정적으로 바꾼 학교들의 핵심에는 관계 형성을 위한 집중적인 활동이 있다. 야영, 캠프 또는 형식적이지 않은 관계 중심의 수련회, 장시간 산행이나 도보 여행 같은 프로그램들이다. 물론 이런 행사와 활동이 효과를 거두는 사례도 있고 그렇지 않은 경우도 있지만 차이는 선생님들의 참여 태도와 방식에 있다. 뒤로 물러나서 감독과 통제만 하려고 들면 학교라는 공간만 벗어났을 뿐 큰 효과를 얻기 어렵지만 아이들과 진심으로 이야기를 나누고, 동참하고, 밤늦게까지 토론을 하면 서로를 알고 친해지는 좋은 기회가 된다. 그리고 '선생님을 알게 된' 효과는 생각보다 크다. 아이들은 12년 동안 학교를 다녀도 선생님과의 사이에 정해진 거리를 좁히지 못하고 먼발치에서 바라만 보다 끝나는 경우가 많다. 선생님은 사람이라기보다 선생님이라는 자리에만 머무르고 있어서 아이들 곁으로 내려오지 못한다. 〈계층이동의 사다리〉라는 책에서 루비 페인Ruby K. Payne은 아이들의 변화를 만들 수 있는 가장 큰 계기는 '교육'과 '관계'라고 했다. 여기에는 선생님과의 친분, 교류가 중요한 자리를 차지한다. 대단한 것은 아니지만 선생님을 알게 되었다는 것은 아이들에게 변화의 계기로 작용할 수 있다.

그런데 실제로 아이들이 선생님과 이야기를 나누는 시간은 얼마나 될까? 한 학기에 선생님과 한 시간 동안 이야기를 나누어보기조차 힘들 것이다. 캠프나 수련회, 도보 여행은 아이들과 선생님이 오랜 시간을 함께 있게 해주는 중요한 행사다. 아이들은 선생님을 알고 선생님과 친해지면 조금씩 달라진다. 이해하고, 협력하고, 선생님의 권유에 반응하기 시작한다. 껍데기가 아닌 관계, 진실을 나누는 관계, 자신의 문제를 상의할 수 있는 구체적인 관계, 내 삶 안으로 들어온 관계가 될 때 아이들은 변화의 기운을 보여준다. 자신이 이야기한 것을 지키고 싶어 하는 마음도 생기고, 선생님이 이야기한 것을 지켜주고 싶은 마음도 생긴다. 학교에서 선생님을 통해 맺어진 최초의 관계가 무기력을 버리는 데 중요한 디딤돌이 된다.

멘토 또는 은인의 출현

관계 회복의 절정은 새로운 삶의 방향을 일깨워주는 누군가를 만나는 것이다. 무기력한 아이들이 잠에서 깨어나는 중요한 계기도 손을 잡아 일으켜주는 사람을 만나면서 이루어진다. 친구, 멘토, 선생님, 친인척 또는 책에서 만난 사람일 수도 있는 이 존재는 아주 중요하다. '일으켜주는 사람'의 역할은 아이를 수용해주고, 지금까지 아이가 삶에서 받은 상처나 아픔을 다르게 해석해주고, 살아나갈 힘을 주는 데 있다.

문제는 현재 아이들 주변에 이런 사람이 매우 부족하다는 것이다. 집과 학교, 학원을 시계추처럼 오가는 생활 속에서 타인을 만날 기회도 드물고, 학업 이야기 말고는 제대로 대화를 나눌 상대가 없다. 돕겠다는 사람은 겨우 선생님들인데 학교든 학원이든 이들은 공부의 양적, 기술적인 면을 돕기는 하지만 마음을 건드리거나 심장을 다시 뛰게 해주지 못하는 경우가 대부분이다. 현실에서 사람을 만날 수 없다면 책을 통해서라도 만나야 하는데 아이들은 거의 책을 읽지 않는다. 인터넷을 하고 학습지를 푸느라 엄청난 시간을 소비하면서도 정작 의미 있는 롤모델을 찾는 독서는 하지 않는다.

무기력한 아이들의 공허감은 의미 있는 관계를 통해 자기 세계에서 삶의 이야기를 함께 나눌 대상이 존재하지 않는 데서 심화된다. 아이들의 세계에는 놀아주는 친구를 제외하고 상담해줄 만한 타인이 부족하다. 나와 함께 세계와 미래를 논하고 나를 상처주지 않으며 거울에 비쳐줄 수 있는 대상의 결핍으로 인해 아이들은 공허 속에 계속 머물러 있어야 한다. 부모가 채워주던 세계를 벗어나 자신의 세계로 나아가야 하는 전환기에 이 결핍은 허무와 부재로 남는다. 라캉이 '나는 너다'라고 한 것처럼 한 사람의 정체성은 타인인 수많은 '너'를 경험하며 '나'를 형성하는데 정말 중요한 '너'의 기근으로 인해 아이들은 무기력해질 수밖에 없다. 청소년기에 멘토나 은인은 '너'를 일깨우는 중요한 대상이자 사다리다. 현명한 어른이라면 아이들에게 좋은 멘토를 만날 기회를 마련해주어야 한다.

③ 성취감이라는 기름 붓기

모든 시도가 성취다

무기력한 아이들에게 어른이 해주어야 할 또 하나의 임무는 성취하는 경험을 만들어주는 것이다. 무언가를 자신의 힘으로 이룩했다는 경험은 지속적인 전진과 도약의 에너지원이다. 무기력한 아이들에게 가장 결핍된 것 가운데 하나가 성취 경험이고, 이로 인해 도전 욕구가 사라져 있다. 현재 무기력한 상태라는 것은 결국 무언가를 시도했다가 실패하기를 되풀이했다는 뜻이다. 이런 아이들에게는 당연히 자기가 시도한 것이 이루어지는 경험을 갖도록 해주는 일이 중요하다. 성취 경험의 정도는 가정이나 학교의 해석에 따라 달라질 수 있다. 무언가를 하지 않던 아이가 무언가를 조금이라도 하면 그것은 무조건 성공이고 성취다. '하지 않는 상태'에서 '하는 상태'로 바뀐 것은 눈에 보이지 않는 엄청난 장애물을 극복해냈다는 의미다. 잘한 것만 성취고 못한 것은 성취가 아닌 것이 아니라 '하려는 마음'을 먹은 것 자체가 성취라고 할 수 있다.

정확히 말하면 삶은 온통 성취라는 축제의 장이라고 할 수 있다. 세상에 태어나 아이가 어른이 되는 것도 발달이라는 성취를 이룩해가는 과정이다. 문제는 아이가 하나하나 이루어가는 이 과정을 지나치게 엄격하게 측정해서 성공과 실패로 나누고 승자와 패자를 가르는 문화를 발달시킨 데 있다. 그 의미 자체를 축복하지 않고 결과만 부각시켜서 성취하지 못한 자들을 분류해놓고 그들에게 더 많은 수고를 하도록 재촉한 것이다. 한마디로 성취의 장이 되어야 할 우리의 삶을 실패의 무덤으로 만들어가고 있다. 무기력한 아이들이 시체처럼 누워서 뒹굴고 있는 것은 실패를 양산하는 이런 문화와 시스템 때문이다. 우리는 일상에서 얼마나 아이에게 성공의 경험을 하게 해주었는지, 성취했다는 말은 몇 번이나 해주었는지, 제대로 어른 역할을 하고는 있는지 뼈저린 반성이 필요한 시기다.

목표는 작게, 성취는 자주, 성공은 크게

어른들의 인색한 성취와 성공에 대한 평가 속에서 차갑고 잔혹한 랭킹 시스템을 아이들에게 적용하면 할수록 무기력한 아이들은 계속 잠에 빠져 있을 수밖에 없다. 이 시스템은 아이들을 계속 죄인이거나 부적응자, 미달성자의 범주에 집어넣고 그 고통으로 무기력한 상태에 있도록 만든다. 목표와 시스템을 바꿀 생각은 안 하고 더 정교하게 다듬어서 아이들이 계속 잠에 빠져 있게 만든다. 하지만 성취 없이 경쟁을 지속할 수 있는 생명체는 하나도 없다.

무기력한 아이들에게 제시하는 목표는 작아야 성취가 자주 일어날 수 있다. 성취감은 아이들의 도전 의식을 자극하고, 해볼 만한 일이라고 여기게 하는 자기효능감을 유발한다. 자기효능감은 또 다른 성취와 성공의 디딤돌이 된다. 프레네 교육에서는 목표를 정하는 일을 매우 중요하게 여기고 아울러 목표에 따른 계획을 스스로 세우게 한다. 여기서 목표는 남의 목표가 아니라 자기 목표다. 모두 다른 속도, 다른 취향, 다른 방향의 삶을 살아가기에 동일한 목표를 갖는다는 것은 애당초 가능하지 않다고 생각한다. 같은 유니폼을 입고 같은 학교를 다녀도 모두 다른 사람이듯 우리는 저마다 다른 삶을 지향한다. 목표를 잡는 일부터 다른 감각을 가져야 불필요한 비교와 경쟁에 시달리는 일이 없게 된다.

아울러 목표는 달성 가능한 것이어야 한다. 우리에게 불가능한 목표를 세워놓고 뛰어본 경험이 있다고 해서 지금의 아이들에게 불가능한 목표를 제시하는 것은 시대착오적 발상이다. 가능한 목표를 자신의 힘으로 달성해본 경험, 즉 성취감을 자주 맛보는 시스템을 매일의 생활에서 구현해야 아이들이 살아날 수 있다. 그런 점에서 가정과 학교는 다양한 성취가 가능한 곳이어야 한다. 성취가 일어나지 않는 곳에서 오래 있고 싶어 하는 사람은 아무도 없다. 사소한 부모의 잔소리 가운데 하나가 '아직도 그걸 못 하느냐'인데 이 '사소한 것'을 못해서 아이는 집에 들어가기 싫어진다. 기본을 하지 못한다고 비난하는 것은 성취할 수 없는 것이라는 절망감만 안겨준다.

부모와 교사의 역할은 '해냄'을 조성해주고, '해냄'을 가능하도록 해주고, '해냄'을 축복해주는 과정에서 빛난다. 역경을 이겨낸 수많은 사람들이 한결같이 하는 말이 있지 않던가. 부모님이 안 된다고 하지 않고 믿고 기다려줘서 오늘의 내가 있노라고. 무기력한 아이들이 무엇을 해내는 초기의 과정은 기적의 연속이다. 이 기적을 놓고 기본도 안 된다고 비난하지 말고 작은 목표, 아름다운 성취, 성공했다는 기쁨을 축하

해주자. 비난과 비하는 무기력을 구축할 뿐 해체하지 못한다. 누군가에게는 기본인 것이 또 다른 누군가에게는 기적일 수 있다는 사실을 깨닫는 것이 무기력한 아이들을 돕는 핵심이다.

나는 내 삶을 마음껏 살아보았나?

아이들이 변화하기 시작하면 자꾸 어른들을 테스트하려고 들지 모른다. 선생님을 믿어보려고 하면서도 '나한테 이러는 것이 진심일까? 정말로 칭찬한 것인가?'를 확인하려고 시험하는 것이다. 부모나 교사한테만 그러는 것이 아니고 자기 자신에게도 그런다. '내가 정말 잘할 수 있을까? 계속할 수 있을까?' 하고 아주 근본적인 질문을 던짐으로써 스스로를 테스트한다. 여기서 알아두어야 할 것은 대부분의 아이가 사실은 자신의 능력이 어디까지인지를 스스로도 잘 알지 못한다는 점이다. 그리고 이는 어른들도 마찬가지다. 세상에는 자신이 가진 능력이나 재능 또는 노력을 마음껏 써본 사람이 생각보다 많지 않다. '나는 내가 갖고 있는 능력을 그래도 기회가 주어져서 마음껏 써봤다'고 당당히 말할 수 있는 사람이 과연 얼마나 될까? 아이 때문에 못하고, 회사 때문에 못하고, 돈이 없어서 못하고, 교장선생님 때문에 안 되고, 교육청 때문에 안 되고…. 이유를 대자면 한도 끝도 없을 것이다.

가능성의 삶을 살아본다는 것

잠깐 내 이야기를 하자면 나는 운이 참 좋은 사람이라고 생각한다. 나는 여러 사정으로 의과대학을 우수한 성적으로 졸업하지 못했다. 간신히 졸업해서 정신과에 지망할 성적에 미치지 못했다. 그런데 공중보건의 시절에 선배와 함께 열심히 했던 사회활동을 눈여겨본, 미국에서 돌아온 지 얼마 안 된 교수님이 나를 뽑아준 덕분에 정신과에 올 수 있었다. 만약 한국적인 잣대로만 평가를 받았다면 아마 나는 지금쯤 다른 과 의사가 되어 있지 않았을까 싶다. 그리고 그때 나를 뽑아준 선생님(정신과 과장이자 주임교수)은 내가 레지던트 2년차 때부터 하고 싶다고 하는 것은 모두 하도록 지원해주었다. 보호관찰소에 있는 청소년들을 만나고 싶다고 하면 그러라고 했고, 가족 치료를 해보고 싶다고 하면 그것도 허락했다. 이거 배우러 다니고 싶다, 저거 배우러 다니고 싶다고 할 때마다 다 동의해주셨다. 이분은 모든 게 오케이, 노가 없었다. 그러면서 '하고 싶다는 것을 하게 하는 것이 너를 가르치는 길이다. 이렇게 해라, 저렇게 해라 잔소리하면 오히려 방해가 된다'고 하셨다. 덕분에 나는 내가 하고 싶은 일을 실컷 하면서 레지던트 시절을 보낼 수 있었고, 다른 사람들과 나의 레지던트 생활은 상당히 달랐다. 나는 수

십 사례의 가족 치료 슈퍼비전을 레지던트 때 받았고, 보호관찰 청소년 집단 프로그램, 가정폭력 프로그램도 그 시절에 해보았다. 동료 친구들은 '그걸 어떻게 레지던트 때 해? 그게 가능해? 그걸 시켜줬어?'라고 묻는다.

선생님은 늘 '너는 이걸 잘해'라고 말씀하셨지, 한번도 '너는 이걸 못한다'거나 '너는 이것도 못하냐?'는 말씀은 하지 않았다. 한참 지난 뒤에 "선생님, 솔직히 말해서 제가 잘하지 못하는 것도 많았는데 어떻게 참으셨어요?" 하고 여쭤본 적이 있다. 그랬더니 당신도 교수나 선배 의사들에게서 후배들이 하고 싶다는 것을 하도록 돕고, 잘하고 싶어 하는 것을 잘한다고 말해주라고 배웠다고 하셨다. 물론 4년 동안 배우면서 엄청나게 화를 내신 적도 몇 번 있다. 가령 다 같이 공부하는 내용을 요약해서 낸 적이 있는데 기본이 안 되어 있다거나 태도가 나쁘면 "다 찢어버려" 하고 단호하게 말씀하셨다. 지금 나는 청소년 대안학교인 '성장학교 별'을 운영하고 있는데 이것도 원래 레지던트 시절부터 관심을 가졌던 일이다. 그 선생님이 윌리엄 글라써William Glasser의 〈현실치료〉라는 책을 권해주신 것을 계기로 미국의 비행 청소년, 여자아이들을 위한 '벤추라Ventura'라는 1960년대의 숲속 대안학교를 알게 되었다. '현수는 청소년에 관심이 많고, 또 청소년은 그냥 상담만 해서 좋아지는 게 아니니까 이 책에 나오는 내용에 관심을 가지면 좋을 것 같다'고 하셨기 때문이다. 이 말은 내게 아주 중요한 동기가 되었다.

좋은 선생님, 좋은 지도자는 아이에게 자신의 미래를 볼 수 있게 해준다. 그런데 나는 이런 선생님 밑에서 배웠으면서도 몸에 밴 어쩔 수 없는 이런저런 속성 때문인지 같이 일하는 분들에게 미래를 볼 수 있게 하기는커녕 '너 큰일'이라는 태도를 종종 보인다. 사람들이 '은인'이라고 부르는 분들에게는 다 그만한 역량이 있어서구나, 하며 늘 역부족을 느낀다.

다시 처음 얘기로 돌아가서 지금까지 개인적인 이야기를 길게 늘어놓으면서 전하고 싶은 메시지가 있다. 우리 아이들은 '네가 이렇게 잘하는 모습이 참 보기 좋아' 같은 말을 잘 듣지 못하고 큰다는 것이다. '나는 정말 해보고 싶은 만큼 실컷 해봤다'고 말하는 아이들은 거의 없다시피 하다. 그러면서 청소년기를 마친다. 싫어도 참고, 못해도 억지로 하면서 자기가 무엇을 잘하는지, 정말 좋아하는 것이 무엇인지조차 파악하지 못한 채로 말이다. 심하게 말해서 지금 우리나라 아이들은 자신의 잠재성을 전혀 모르고 청소년기를 끝낸다고 할 수 있다. 시키는 대로 문제집을 풀다가, 어른들한테 혼나다가, 주위에서 조롱받다가, 결국은 비관적인 아이가 되어버리고 만다. 이 과정에서 자기 자신을 못 믿게 되고 뭔가를 한다는 것에 끈질긴 회의와 불신을 쌓게 된다.

게다가 현실은 무기력한 아이들을 게으른 아이, 나쁜 아이, 비관적인 아이, 하라고 하면 잘 안 하니까 비겁한 아이로 취급한다. 그리고 "걔는 안 봐도 뻔해, 그냥 끼우지 마", "그냥 조용히 있어주면 다행이지. 건드리지 마" 하며 제외하는 아이가 되어 있다. 아이가 이런 상태로 자라면 스무 살, 서른 살이 되어도 자신의 위치를 바꾸기가 쉽지 않다. '아, 이 사회는 내가 끼는 것을 좋아하지 않는 모양이야. 나는 그냥 가만히 아무엇도 하지 않는 것이 나은가 봐.' 이러면서 아르바이트를 전전하며 얹혀사는 삶을 지속하게 되는 것이다.

셀리그만의 아버지, 학습된 낙관주의

앞에서 젊은 시절에 '학습된 무기력' 이론의 창시자가 된 셀리그만은 나중에 '학습된 낙관주의'를 다시 설파하며 긍정심리학의 주요 기여자가 되었다고 말했다. 그의 학습된 낙관주의 이론은 우선 팬실베니아의 슬럼가에서 빈곤, 비행, 우울 청소년을 대상으로 동일한 조건에서 어떤 아이는 더 바람직하지 않은 선택을 하고 또 다른 아이는 그렇지 않은가를 연구하는 데서 비롯했다. 모든 여건이 비슷하다고 했을 때 그 차이를 만드는 데 기여를 한 요인은 부모 또는 주변 사람들의 해석 스타일의 차이에 있었다. 책 한 권이 될 만한 보고서를 요약하면 이렇다.

비관적인 스타일로 해석하는 환경 속에서 지내는 아이들은 좋은 일이 생기면 우연적인 것으로, 일회성으로, 주변에 확산될 가능성이 없는 것으로 받아들이는 반면 나쁜 일이 생기면 필연적이고, 여러 번에 걸쳐 확산될 가능성이 큰 것으로 받아들인다. 반면 낙관적인 스타일로 해석하는 환경 속에서 자란 아이들은 좋은 일이 생기면 필연적이고, 여러 번 생길 수 있고, 확산될 가능성이 크다고 받아들이고 나쁜 일이 생기면 우연적이고, 단발

성이며, 확산될 가능성이 없는 것으로 생각한다. 이런 해석 스타일의 차이를 내면화하면서 낙관적 해석 스타일로 인지와 태도가 형성된 경우 어려운 환경에서도 꾸준히 자신을 개선해나가 빈곤, 비행, 우울에서 벗어나기가 더 쉬웠다.

셀리그만이 낙관적인 태도의 중요성을 발견하게 된 것은 자신의 아버지 때문이다. 뇌질환으로 큰 위기를 넘긴 그의 아버지는 신체가 마비되는 후유증이 남았는데도 낙담하지 않고 꾸준히 힘든 재활 훈련을 해내어 마침내 다시 걸을 수 있게 되었다. 셀리그만은 자신의 아버지를 관찰하면서 낙관적인 태도는 학습될 수 있다는 것을 발견했다. 그는 무기력이 학습되는 과정에 이어 낙관성이 학습되는 과정을 밝혀냄으로써 회복탄력성과 긍정심리학에 기여했다.

삶의 활기를 찾고 무기력의 늪에서 빠져나올 수 있는 낙관성은 낙관적인 해석을 내면화할 수 있는 환경에서 길러진 것처럼 무기력은 비관적인 학습의 결과일 수 있다. 그러니 휠체어에 의지해 지내야만 했을지도 모르는 상황에서 벗어나 자신의 두발로 걷는 기쁨을 누리며 생애를 마감한 셀리그만의 아버지처럼, 또 이탈리아의 철학자 안토니오 그람시 Antonio Gramsci의 말처럼 '의지만큼은 낙관적일' 필요가 있다.

하나, 집과 학교는 기업이 아니잖아요!

이제 무기력의 비밀에 대한 이야기를 마치려고 한다. 무기력에 시달리며 지내던 한 고등학생이 했던 말이 아직도 귓가에 맴돈다. 내게 너무나 중요한 통찰을 하게 해주었던 그 한 마디와 함께 마무리하는 글의 첫 꼭지를 쓰려고 한다.

"학교가, 집이 무슨 기업이에요? 툭하면 자르겠다, 안 해주겠다, 나가라, 나오지 마라…. 마음에 안 들면, 시키는 대로 안 하면, 성적을 못 올리면 관두라 하고…."

아이는 학교나 집이 마치 기업을 닮아가고 있다고 생각했는가 보다. 그 아이의 말은 내가 느끼고 있던 현실을 더 강렬하게 실감하게 해주었다. 아이의 말처럼 지금의 가정이나 학교는 조금 극단적으로 말하면 기업처럼 되어가고 있는 것이 아닌가 싶다. 가족 사회학자들이 우리네

가족이 입시를 중심으로 '기획된 가족'이라 말한 바 있고, 〈우리는 어떻게 괴물이 되어가는가〉의 저자이자 벨기에의 정신분석학자인 파울 페르하에허Paul Verhaeghe도 신자유주의의 영향으로 대학이 지식 공장이 되어가고 있다고 논평한 바 있다. 능력과 성과라는 두 기둥이 이끌어가는 진화론이 바탕이 된 사회에서 아이들에게도 기업이 그러는 것과 똑같은 결과를 요구하고 있는 것이 사실이다. 끊임없는 경쟁과 비교 시스템 안에 게임처럼 랭킹이 작동하고, 그 랭킹에 들지 못하면 도태되는 잔혹한 사회가 되어가고 있다. 실제로 아파트 주민들의 모임에서는 아이들에 대한 랭킹 시스템이 친구 관계를 잔혹하게 단절시키고 있다고도 한다.

아주 오래 전에 만난 아이도 이런 이야기를 한 적이 있다. "우리 집에서 가장 중요한 문서는 아빠의 월급 명세서와 제 성적표예요." 이 둘의 수치가 그야말로 가족을 평가하는 지표(?)가 되고, 이에 따라 희비가 엇갈리는 분위기에서 살고 있다고 해도 과언이 아닐 것이다. 전사회적으로 그리고 전방위적으로 받는 압력으로 인해 아이들의 내면은 더욱 무기력해지고 있다. 그리고 아이들이 무기력해지는 방식과 마찬가지로 어른들도 과잉열망에 피로를 느끼고 있다. 에리히 프롬이 말한 시장적 인격과 파울 페르하에허가 말한 신자유주의적 정체성, 각자도생에 충실한 사람들이 넘쳐나는 시대로 돌진하고 있는 가운데 무기력은 하나의 사회적 도태 현상으로 깊어지고 있다.

늘 자신만이 예외가 되기를 바라는 마음으로 만인들 틈에서 투쟁하는, 그렇지만 초라한 우리의 모습. 그 투쟁 속에서 지쳐 있거나 힘에 겨워하는 우리 아이들의 무기력이 걱정이다. 많은 아이들이 일본의 사토리 세대처럼 혼자 지내고, 혼자 먹고, 혼자 지내면서 꿈꾸지 않아서 행복하다면서 치매에 걸리기 전에 자살하면 그만이라는 세계관을 선택하려고 한다.

가정과 학교가 조금만 더 따뜻하게 모든 아이들의 공존과 다양성을 인정하면서 적자생존의 논리가 아닌 존재 방식을 강화해가길 기대해본다. 한때 유행한 일본의 광고 영상이 떠오른다. 마라톤을 하면서 골인 지점을 향하다가 갑자기 각자의 방향으로 뛰어가던 반전으로 많은 사람들이 감동을 받았다. 그 메시지처럼 우리는 각자 그리고 가정과 학교와 공동체가 각기 다른 아름다움을 추구하며 평화롭게 공존해야 한다. 능력과 성과 시스템으로 단죄하지 않는 체계를 진지하게 모색해야 한다.

따뜻함과 인간미, 배려와 협력이 우리 삶의 여러 격차들을 완충시키고 수많은 사람들이 갈망하는 새로운 공동체의 전형을 만들어갔으면 좋겠다. 삶을 정지시키거나 닫아버리는 무기력의 행진이 계속되지 않으려면 다양성과 존중의 가치를 저변에 확대해야 한다. 아이들이 자신의 쓸모에 집착하면서 자기혐오에 빠져 아무 책임도 지지 않으려 하고, 스스로에게 살 자격이 없다고 학대하는 일, 낙심하여 물에 빠져도 헤엄치지 않고 그냥 잠겨버리려 하는 일이 사라져야 한다. 가정이나 학교가 기업의 전형을 닮아가는 사회적 풍속도가 사라져야 한다.

둘, 돌아온 영웅들이 하는 말, 나로 살기로 했다!

최근 몇 년 동안 무기력증을 호소하며 찾아온 아이들을 꽤 많이 만났다. 기쁘게도 여러 아이들이 지금까지 회복했다는 소식을 전해오고 있다. 낙심, 도태, 혐오, 포기의 늪에서 한 걸음씩 빠져나와 각자 자신의 삶을 뚜벅뚜벅 걸어가고 있는 이야기를 듣고 얼마나 기쁜지 모른다. 특히 오늘은 '알바를 처음으로 시작한 청년'이 찾아왔다. 은둔형 외톨이로 집에서만 거의 3년을 지내다가 군대 문제로 밖에 나오기 시작해 지금은 서서히 사람들과 어울리고 있는 청년이다. 보통의 사람들에게는 특별한 뉴스가 아닐 수도 있지만 나와 그 친구에게는 아주 기쁜 날이다. 할 수 없던 것을 할 수 있는 것으로 만든 그 친구의 용기에 찬사를 보내고 싶다. 때때로 인생이 아름답다고 느끼는 것은 이렇게 작은 진보를 보기 때문이다. 대안학교인 풀무학교가 내건 '위대한 평민'이라는 표어처럼 보통의 수많은 사람들이 각자의 위치에서 진실하고 정의롭게 이룩해가는 작은 진보들이 쌓여 모두가 행복한 세상을 만들어간다고 생각한다.

무기력하게 지낼 수밖에 없었던 상황에서 조금씩 자기를 찾아내며 마치 자수성가하듯이 스스로 삶의 언덕을 올라온, 지금의 경쟁 시스템에서는 전혀 보이지 않는 청소년, 청년들이 공통적으로 하는 말이 있다.

"처음엔 그 길로 가지 않으면 죽는 건 줄 알았어요. 그래서 그 길을 가는데 제대로 못 쫓아가서 죽은 척하고 지냈지요. 그런데 선생님이 말씀하신 것처럼 그 길이 아니라도 길은 여러 갈래로 나 있다는 것을 알았어요. 다시 돌아가도 되고, 빨리 질러가도 되고요. 조금 힘든 게 있다면 아직은 조금 외롭다는 거예요. 하지만 제 갈 길을 찾아서 행복해요."

"내가 갈 길을 간다, 그런 생각을 못해봤던 것 같아요. 그냥 엄마가, 세상이 만들어놓은 길을 죽어라 따라가야 하는 것으로 알았지, 다른 생각을 해본 적이 없었거든요. 근데 애들은 저만치 가고 나는 못 따라가고, 그러니까 가기 싫고. 아프다, 싫다, 온갖 핑계를 대면서 안 하려고 했어요. 그럴 때마다 갈 수도 없는데 채찍질하는 부모님과 선생님이 미웠고요. 그러다 어느 날 내 길을 가자, 그런 생각을 하니 마음이 편해졌고, 속도도 내가 조절하자 그러니까 더 편해졌어요. 그러다 지금에 이른 것 같아요. 지금은 아주 좋아요."

결국 무기력한 아이를 돕는 일은 '나는 못해'를 '나는 할 수 있어'로 바꿔주는 과정이고 '안 살겠다'를 '살겠다'로 만드는 일이다. 우리가 해야 할 일은 그 아이들이 강요 없이, 남이 하라는 것을 당연하게 받아들이지 않으며 강박적 혹은 억지로가 아니라 자기가 하고 싶어서, 즉 '자신을 살도록' 도와주는 것이다. 이렇게 말하면 어른들은 또 불안감을 드러낸다. 아이의 자율이나 자발을 어떻게 믿을 수 있나, 자발적으로 한다는 것이 전부 게임이면 어떻게 하냐고 말이다. 그동안의 경험을 놓고 말하자면 그런 아이들은 없다고 단언할 수 있다. 자기 자신의 삶을 살아보겠다고 결심한 아이 가운데 "선생님, 저 뭔가 계획이 생겼어요.

평생 게임만 하고 살래요" 이렇게 말하는 아이들은 결단코 없다고. 시간이 조금 걸리고, 아이들마다 정도의 차이는 있겠지만 그래도 아이들은 의미 있는 삶을 찾아나설 것이다.

지금까지 무기력을 주제로 여러 차례, 곳곳에서 강의를 해오면서 받은 질문들을 생각해보면 무기력한 아이들과 가장 가까이에서 시간을 보내는 부모나 교사들이 더 불안해하는 모습을 보였다. 아이들을 믿지 못하거나 믿더라도 주저하면서, 아이들을 내버려둔다는 것을 상상할 수 없고 내버려두면 반드시 엉뚱한 세계로 빠질 거라고 생각하는 것 같았다. 우리가 이렇게 불안해하니까 그리고 어설프게 마음을 먹으니까 아이들도 그걸 간파하고 똑같이 불안해하는 것인지도 모른다. 어른의 불안감은 당연히 아이들에게 투사되기 마련이다. 불안은 불안을 낳는다는 것, 부모나 교사가 불안해하면 아이들도 안정적으로 지내지 못하게 된다는 것을 잊지 말았으면 좋겠다.

또 학교에서 아이들을 도우려다 자주 하는 실수가 아이의 작은 변화를 알아차리지 못하는 것임을 알리고 싶다. 때로는 아이들에게 일어난 변화, 아이들이 시도한 작은 변화를 아이가 직접 말해서 알게 되는 경우도 있다. "선생님, 그때 제가 이렇게 해보려고 시도했던 거예요." 그 자리에서는 말을 안 하고 '저 선생이 과연 알까, 모를까' 혼자 고민하다가 나중에 "선생님, 저번에 제가 이렇게 변했다고 이야기했는데도 못 알아채시더라고요. 그래서 속상했어요." 또는 "선생님도 다른 어른들하고 크게 다르지 않구나 생각했어요. 그래도 선생님이 저를 도우려는 마음이 있는 것 같아서 다시 찾아왔어요"라고 말하기도 한다. 그러면 "아, 내가 못 알아차렸구나, 미안해. 조금 늦었지만 네가 변화하는 모습이 참 보기 좋아"라고 말해주자.

무기력한 익명의 존재였다가 자신의 길을 다시 찾은 아이들이 스스로를 이겨내고 와서 전하는 이 영웅담을, 그리고 아이들이 스스로 자신이 될 수 있도록 돕는 과정에서 덩달아 자신의 삶을 찾게 되었다는 부모님과 선생님들의 이야기를 같이 전해본다. 달라진 시대, 변화한 사회에서 새로운 정체성을 갖고 살아가는 아이들에 대한 이해를 통해 부모나 교사도 아이들이 각기 다르게 성장할 수밖에 없다는 것을 깨달았다고 한다.

내가 발견한 무기력의 비밀은 스스로가 되지 않고 남이 되려고 했던데 그 원인이 있었다. 이 당연한 결론에 허무할 수도 있을 것 같아 죄송하지만 그것이 진실이고 지금 우리 시대의 중요한 화두라고 생각한다. 나와 한 팀이 되어 이야기를 나눴던 그 친구들은 추켜세워지거나 남들의 시선과 총애를 받아서가 아니라 그냥 스스로가 되기로 한 순간에 무기력에서 벗어날 수 있었다. 스스로 나 자신이 되어서 살기에 참 어려운 세상이기는 하지만 결국 스스로를 회복할 때 자신만의 길을 발견할 수도 무기력하지 않게 살아갈 수도 있다는 것이 곧 무기력의 비밀이기도 하다.

셋, 무기력 시스템을 해체하는 일
– 아이들 편에 서서 사회를 바꾸는 것

졸거나 자는 아이, 엎드려 있는 아이, 하기 싫다고 버티는 아이, 못하겠다고 반항하는 아이, 분노하다가 지쳤거나 무능함을 드러내려고 무기력을 선택하는 아이… 우리가 만나는 무기력한 아이들은 서로 비슷하기도 하고 조금씩 다르기도 하다. 이런 아이들을 이해하고 보살피다 우리도 순간순간 분노하거나 덩달아 무기력해지기도 하고 그 상처에 찔리기도 한다. 하지만 내가 상처받고 힘들어지는 게 싫어서 아이들을 외면하거나 다른 아이들까지 말려들게 하고 싶지 않다는 이유로 눈을 돌린다면, 그도 아니면 그저 조용히, 가만히 있어주면 고맙다고 생각하거나 뭘 해도 안 될 거라고 지레짐작해서 손을 놓는다면, 우리는 영원히 부채감을 안고 살아야 하는 빈껍데기 어른밖에 되지 못한다.

이제 무기력한 아이들에 대한 이야기를 마무리하고자 한다. 그래서 결국 뭐하자는 소리냐, 무기력한 아이들을 어떻게 하자는 소리냐, 라고 묻는다면 '달리 보자'는 것이다. 이 아이들은 괴물이 아니라고, 이 아이들은 현재의 무기력 시스템에서 보호받지 못하거나 권리를 누리지 못하는 아이들일 뿐이라고 말하고 싶은 것이다. 그리고 아이들 편에 서자는 것이다.

우리 아이들을 무기력하게 만든 것은 어른들이고 그 어른들이 만든 시스템이라고 한다면 어른은 변화하고 시스템은 바꾸면 된다. 우리가 지금부터 적극적으로 해야 할 일은 바로 이것이다. 지금은 아이들에게 변화의 기회를 더 마련해주고, 변화하는 모습을 지켜봐주고, 알아차려 주고 격려해주자. 자고 있다고, 하기 싫어한다고 아이를 혼내거나 조롱하지 말자. 하루하루 기적 같은 삶을 살고 있는 아이들에게 기본도 못한다고 나무라지 말자. 모든 아이가 다르고, 모든 아이가 소중하고, 모든 아이를 사랑하겠다고, 수도 없이 해왔던 그 다짐을 기억하고 아이들과 연대하자. 아이들이 아이들의 삶을 살아가도록 함께 방법을 만들어가자.

지금 잠자는 거인들을 깨우는 방법은 잠을 잘 수밖에 없는 이 시스템에 작은 균열을 내서 서서히 삶의 향기를 맡게 하고 스스로 일어나 자신의 삶에 뛰어들도록 하는 것밖에 없다. 무기력한 아이들이 변화를 경험하지 못할 때 내면에 남는 뼈아픈 유산은 다름아닌 세상이 변화하지 않을 뿐 아니라 스스로 변화를 만들어내지 못한다는 재앙적 인식이다. 이러한 냉소적인 인식은 세상을 저주하게 되는 밑바탕이 되기도 한다.

고마운 분들께

 이 책의 자료가 되는 강의는 2014년 초에 이루어졌으니 곧 2년이 되어간다. 세월호 참사가 있기 직전에 마쳤던 강의고 원래 출간은 2014년 가을로 예정되어 있었다. 하지만 적지 않은 사람들이 그랬듯이 2014년 4월 16일은 나에게도 일상을 멈추어야 하는 상황을 만들었다. 당시 경기도 광역 정신건강증진센터장을 맡고 있었는데 안산 정신건강트라우마센터장을 겸임하게 되면서 2015년 초에 그 직함을 내려놓기까지 책 작업에는 일체 손을 댈 수가 없었다. 아직도 마음은 일상으로 돌아오지 못한 상태이지만 그래도 2015년 후반기 들어서는 밀린 일들을 하나하나 해나가기 시작했고 이제야 겨우 이 책을 마무리하게 되었다.

 인내와 격려를 아끼지 않으신 에듀니티의 김병주, 이기택, 최윤서, 김미영님께 고마운 마음을 전한다. 우리 가족, 성장학교 별, 스타칼리지를 포함하여 나와 함께 일하고 있는 명지병원 정신건강의학과, 강서 정신건강증진센터, 그 밖에 협력하는 사회를 이루고자 하는 많은 동료들께 고맙다는 말씀을 드리고 싶다.

해를 넘길 때마다 그리고 살아가는 것이 선물이라고 느낄 때마다 우리 아이들에게 한 가지 선물을 주어야 한다면 무엇을 줄 수 있을까 생각하곤 한다. 고민 끝에 얻은 단순한 대답은 '혼내지 말고 낙심하지 않게 돕자'는 것이다. 특히 최근에는 낙심한 아이들을 많이 만나서 그런지 더 그렇다. 심리학자 베아트리체 비브Beatrice Beebe가 말하기를 '모든 연구는 자신에 대한 연구Most reseach is me-search'라고 했는데 아이들이 낙심하는 것을 보면서 내 청소년기의 낙심을 떠올리게 되었다. 그리고 그 마음이 이 책을 쓰게 하는 가장 큰 힘이었다.

끝으로 이 책을 선택해준 독자들께 감사드린다. 달콤한 책이 아니라서 조금 죄송스럽지만 동의하시는 부분이 있다면 함께 고민해보고 노력해보았으면 한다.

2016년 5월

김현수

〈가족과 레질리언스〉 : 프로마 월시 지음, 양옥경 옮김, 나남출판, 2002

〈계층이동의 사다리〉 : 루비 페인 지음, 김우열 옮김, 황금사자, 2011

〈독이 든 양분〉 : 마이클 아이건 지음, 이재훈 옮김, 한국심리치료연구소, 2009

〈대상의 그림자〉 : 크리스토퍼 볼라스 지음, 이재훈·이효숙 옮김, 한국심리치료연구소, 2010

〈몸은 기억한다〉 : 베셀 반 데어 콜크 지음, 제효영 옮김, 을유문화사, 2016

〈박탈과 비행〉 : 도널드 위니캇 지음, 이재훈 옮김, 한국심리치료연구소, 2001

〈빵과 영혼〉 : 해리 아폰테 지음, 하나의학사, 1995

〈사회적 우울증〉 : 사이토 다마키 지음, 이서연 옮김, 한문화, 2012

〈아들러와 함께하는 행복한 교실 만들기〉 : 루돌프 드라이커스 지음, 전종국 옮김, 학지사, 2013

〈영적 발돋움〉 : 헨리 나우웬 지음, 이상미 옮김, 두란노, 2007

〈애도〉 : 수잔 캐벌러 애들러 지음, 이재훈 옮김, 한국심리치료연구소, 2009

〈우리는 어떻게 괴물이 되어가는가〉 : 파울 페르하에허 지음, 장혜경 옮김, 반비, 2015

〈위기의 청소년〉 : 장-다비드 나지오 지음, 임말희 옮김, 눈, 2015

〈자녀에게 줄 최상의 선물은 낙관적인 인생관이다〉 : 마틴 셀리그만 지음, 박주성 옮김, 오리진, 2000

〈절망의 나라의 행복한 젊은이들〉 : 후루이치 노리토시 지음, 이언숙 옮김, 민음사, 2014

〈The Turned-Off Child〉 : Robert & Myrina Gordon, American University & College press, 2006

〈Vulnerable But Invincible, A Longitudinal Study of Resilient Children and Youth〉 : Emmy E. Werner, Ruth S. Smith, McGraw-Hill, 1982

15시간 1학점 원격연수

아이들의 가능성, 잠재성도
같이 잠재울 수는 없습니다.

무기력한아이
이해하고 돕기 프로젝트
:잠자는 거인을 깨우는법

아이들 내면의 잠자는 거인을 깨울 수 있도록 돕기 위한
무기력 아이 변신을 위한 프로젝트, 김현수 선생님과 함께 준비하는 시간을 가져보고자 합니다.

강의 **김현수**
http://www.schoolstar.net

현 교과부 학교폭력대책위원회 기획위원 / 현 여성가족부 청소년보호위원회 보호위원
현 서남대 명지병원 정신건강의학과 교수 / 현 경기도광역 정신건강증진센터 및 자살예방센터 센터장
현 성장학교 별 및 스타칼리지 교장 / 현 프레네 클럽 대표 / 현 서울시 교육청 학교폭력대책 자문위원
저서 행복한 교실을 만드는 희망의 심리학(에듀니티) / 공부상처(에듀니티) / 교사상처(에듀니티)

30시간 2학점 원격연수

원래 공부 못하는 아이들은 없습니다.

학습부진,
공부본능 되살리는 교사되기

아이들이 공부에 멀어져가는 것은 공부라는 과정에 상처받기 때문입니다.
공부에 상처받고 흥미를 잃은 아이들에 관해 배우고 아이들을 돕는 방법에 접근해보고자 합니다.

강의 **김현수**
http://www.schoolstar.net
현 교과부 학교폭력대책위원회 기획위원 / 현 여성가족부 청소년보호위원회 보호위원
현 서남대 명지병원 정신건강의학과 교수 / 현 경기도광역 정신건강증진센터 및 자살예방센터 센터장
현 성장학교 별 및 스타칼리지 교장 / 현 프레네 쿨럽 대표 / 현 서울시 교육청 학교폭력대책 자문위원
저서 행복한 교실을 만드는 희망의 심리학(에듀니티) / 공부상처(에듀니티) / 교사상처(에듀니티)

30시간 2학점 원격연수

김현수 샘과 나누는 교사 심리에세이

행복한 교사로 살기 위한
교사 치유심리학 : 희망의 교사!

대한민국의 교사로서, 어쩌면 나도 누군가의 본보기가 될 지도 모를 시간들을 위해
조금 더 행복한 교사로 살기 위한 준비를 해 보는 시간을 만들어 보고자 합니다.

강의 **김현수**
http://www.schoolstar.net
현 교과부 학교폭력대책위원회 기획위원 / 현 여성가족부 청소년보호위원회 보호위원
현 서남대 명지병원 정신건강의학과 교수 / 현 경기도광역 정신건강증진센터 자살예방센터 센터장
현 성장학교 별 및 스타칼리지 교장 / 현 프레네 클럽 대표 / 현 서울시 교육청 학교폭력대책 자문위원
저서 행복한 교실을 만드는 희망의 심리학(에듀니티) / 공부상처(에듀니티) / 교사상처(에듀니티)

30시간 2학점 원격연수

교실! 교사의 삶의 터전

행복한 교실을 만드는
희망의 심리학

교실에 영향을 미치는 **구성요소와 무의식을 파악하여 교실에서 벌어지는 다양한 현상**을 이해할 수 있습니다.

교실 이해
01. 교실 – 교사의 삶의 터전
02. 교실의 구성 요소
03. 내 교실의 기후
04. 교실을 지배하는 교실무의식
05. 아이들 이해 : 우리 아이들의 슬픈 결핍
06. 아이들 이해 : 아픈 아이들의 교실

관계 이해
07. 교실 지리, 아이들은 어떻게 나누어졌는가?
08. 교실 역동, 아이들의 관계는 어떻게 보아야하는가?
09. 교실 분열, 아이들이 움직이는 동기는 무엇인가?
10. 또래 관계 이해하기

아이 이해
11. 화내는 아이들은 왜 화를 내는 것일까?
12. 수업을 흐트러뜨리는 산만한 아이, ADHD
13. 산만한 아이 다루기
14. 짜증내고 귀찮아하는 우울한 아이들
15. 우울한 아이들 다루기
16. 학습에 어려움을 겪는 아이들

아이 이해
17. 학습부진 다루기
18. 조용한 아이는 예민한 아이 / 교실의 삼각관계+α
19. 삶이 바뀐 전학생 / 이혼가정의 아이

교실 변화 시동 걸기
20. 상처받는 교사
21. 교사는 왜 지치는가?
22. 상처 받는 교사에서 치유하는 교사로

교실 변화 실천하기
23. 교실 성공심리학 : 실패의 무덤에서 성공의 축제장으로
24. 교실 긍정심리학 : 부정-문제 중심에서 긍정-강점 중심으로
25. 교실 기여심리학 : 갈등과 경쟁에서 협동과 기여로
26. 교실 동기심리학 : 능력중심에서 노력중심으로
27. 교실 호감심리학 : 냉소와 미움에서 관심과 사랑으로
28. 교실 민주심리학 : 체벌중심에서 상담중심으로
29. 교실 치유심리학 : 감성교과를 통한 자기치유수업으로
30. 교실에서 돌봄의 체계 (협력/지원기관의 활용)

강의 김현수
http://www.schoolstar.net
현 교과부 학교폭력대책위원회 기획위원 / 현 여성가족부 청소년보호위원회 보호위원
현 서남대 명지병원 정신건강의학과 교수 / 현 경기도광역 정신건강증진센터 및 자살예방센터 센터장
현 성장학교 별 및 스타칼리지 교장 / 현 프레네 클럽 대표 / 현 서울시 교육청 학교폭력대책 자문위원
저서 행복한 교실을 만드는 희망의 심리학(에듀니티) / 공부상처(에듀니티) / 교사상처(에듀니티)

30시간 2학점 원격연수

친절하며 단호한 훈육법으로
행복하고 민주적인 교실 만들기

친절하며 단호한 교사의 비법
학급긍정훈육법

친절하게 대하는데도 학생들이 예의 바르고, 단호하게 대하는데도 학생들과 친밀할 수 있는 구체적인 방법을 긍정훈육법으로 알려드립니다.

강의 **김성환**
http://pd-korea.net/

現 조현초등학교 교사(초등교사 14년) / EBS-e "최고의 영어교사" 출연
PD&PDC Educator, PDTC(Positive Discipline Trainer Candidate)
역서 학급긍정훈육법, 학급긍정훈육법 활동편